FACCIAMOLO TRADURRE!

COME TRADURRE, LANCIARE SUL MERCATO E
VENDERE I VOSTRI LIBRI TRADOTTI IN ALTRE
LINGUE GUADAGNATE DI PIÙ TROVATE NUOVI
LETTORI

S. C. SCOTT

Traduzione di
ANNALISA LOVAT

CREATIVE MINDS MEDIA

Edito da Creative Minds Media

eBook ISBN: 978-1988272-52-8

Paperback ISBN: 978-1988272-47-4

FACCIAMOLO TRADURRE!

Pronti, in posizione, traduciamo!

La corsa all'oro delle pubblicazioni indipendenti non è finita...

A dire il vero sta or ora iniziando nei mercati di lingua non inglese. Trovate nuovi lettori, nuovi mercati e guadagnate di più facendo tradurre i vostri libri in altre lingue. È più facile di quanto pensiate!

Imparate come

- Identificare i mercati più caldi per il vostro genere
- Scovare i migliori traduttori
- Tradurre i vostri libri con investimento anticipato pari a zero
- Proteggere e sfruttare i vostri diritti
- Generare molteplici entrate per mezzo dei vostri libri
- Ottenere nuovi lettori, raggiungere nuovi mercati e guadagnare più soldi!

Una volta letto questo libro sentirete il desiderio di aver iniziato prima... ma non è mai troppo tardi! In effetti non c'è mai stato momento migliore per trovare nuovi mercati, ottenere nuovi lettori e guadagnare di più!

1

IL PANORAMA DELLA TRADUZIONE LETTERARIA

Introduzione

Benvenuti nel fantastico mondo delle traduzioni letterarie. Oggigiorno è più facile che mai condividere i vostri libri con lettori in tutto il mondo.

Ho scritto questo libro per autori come voi, che vogliono accedere a nuovi mercati e far crescere le vendite come anche il numero di lettori. Quando diversi anni fa mi sono messo a esplorare le alternative relative alle traduzioni e ai diritti esteri, non ho trovato da nessuna parte molte informazioni. Trovato le mie risposte per tentativi, e le poche informazioni che racimolavo erano generalmente obsolete. Certo non erano applicabili agli autori indipindenti del XXI secolo.

Ho mantenuto questo libro il più breve possibile in modo che possiate usarlo come guida per ogni argomento man mano che vivete la vostra personale avventura nel mondo della traduzione. Ho dato per scontato che abbiate già pubblicato i vostri libri indipendentemente e che siate quindi preparati in materia. Se non fosse così, ci sono molti libri eccellenti che riguardano la pubblicazione e le materie connesse, quindi non ho riportato qui quelle informazioni.

Raccomando caldamente di leggere questo libro nella sua interezza prima di iniziare il vostro progetto di traduzione. Avere davanti agli occhi il quadro generale prima di iniziare vi farà risparmiare tempo e fatica per dopo. Questo libro inizia con una panoramica generale prima di entrare nello specifico, perché penso che sia il modo migliore per afferrare i concetti sottesi a una traduzione di successo. Spero vi infonda anche sicurezza. Più di tutto voglio risparmiarvi alcuni dei miei passati errori. Una volta osservati gli elementi di base, ci tufferemo a fondo nei dettagli.

Non c'è bisogno di prendere appunti. Qualsiasi domanda vi sorga all'inizio troverà una risposta nei capitoli seguenti che vi forniranno tutti i dettagli di cui avete bisogno per iniziare. Ci sono anche degli elenchi di controllo alla fine del libro che riassumono i punti chiave.

Se decidete di leggere il libro in un diverso ordine, va bene lo stesso. Tutti impariamo e assorbiamo informazioni in modo diverso.

Vi ringrazio per leggere questo libro. Spero che lo troverete utile.

Molteplici entrate

In quanto autori tendiamo a pensare ai nostri libri come a estensioni di noi stessi. Lo sono, nel senso che abbiamo creato una proprietà intellettuale. Ma ci sono anche dei prodotti che possono assumere molte forme fisiche. Una volta assunto questo atteggiamento mentale, potreste chiedervi perché non avete mai considerato prima d'ora di far tradurre le vostre opere.

Pensate a ogni libro come a un bene individuale dal quale possono essere creati ulteriori diritti derivati. La maggior parte degli autori sognano che i loro libri diventino film o serie TV, e molti già ne ricavano edizioni cartacee e audiolibri. L'area che viene generalmente trascurata è la traduzione. Fate tradurre il vostro libro in 9 altre lingue, e di colpo avrete 10 libri anziché 1. Si tratta di entrate gonfiate al massimo!

Ma aspettate: c'è di meglio!

Ogni libro tradotto può essere trasformato in altri prodotti. Potete anche creare 9 nuovi audiolibri in ogni lingua. Di colpo il vostro romanzo non è più solo un e-book o libro cartaceo o audiolibro nella vostra lingua. Quando andate a tradurlo in altre 9 lingue vi trovate con (9+1) * 3 formati = 30 prodotti invece di 3 soltanto. Piuttosto sorprendente, no?

Magari eravate già arrivati a questa conclusione ma immaginavate che le possibilità di successo fossero reali solo per gli autori di maggior successo. Mentre il vostro libro dovrebbe avere almeno un qualche successo commerciale come base per presumere delle vendite decenti in altri mercati, ci sono un sacco di libri con grande potenziale in altre lingue e che non erano dei bestseller numero uno nella lingua originale. Il vostro libro potrebbe essere uno di questi!

Tutto quello che dovete fare è trovare dei traduttori, firmare con loro dei contratti e aspettare che il vostro libro venga tradotto. È quasi facile... ma non basta. Dovete fare un po' di lavoro di gambe in termine di indagini per assicurarvi di trovarvi alla fine con un prodotto di qualità. Il vostro nome da autore è il vostro marchio, e il vostro successo o fallimento dipendono da una grandiosa traduzione.

Una grandiosa traduzione significa trovare un traduttore di talento, mentre scegliere un cattivo traduttore potrebbe rovinare la vostra reputazione. Ricercare e scrutinare traduttori può richiedere inizialmente del tempo, ma sicuramente ne vale la pena. Un buon traduttore può farvi accedere a nuovi mercati e portare il vostro libro in un mondo completamente nuovo di lettori che possano godere della vostra opera.

Alcuni potrebbero addirittura diventare i vostri più grandi fan.

Se state leggendo questo libro, immagino che siate:

- Un autore indipendente che cerca di espandersi verso altri mercati
- Un autore tradizionale che ha conservato i suoi diritti stranieri e vuole imparare a renderli produttivi
- Un autore nuovo o no che sta cercando di capire tutte le opzioni e i potenziali nuovi mercati, oltre ai modi per raggiungerli

Magari il vostro libro è un bestseller nella vostra lingua d'origine, o forse state ancora coltivando i vostri lettori. Al di là di quale sia la vostra situazione attuale, è sempre una buona idea esplorare come poter gestire la propria carriera. Questo include espandersi traducendo la propria opera in altre lingue.

Il problema è che non sapete da che parte cominciare. O se dovete cominciare. A volte la traduzione può essere economicamente proficua, altre volte no, quindi è importante capire la vostra particolare potenzialità di guadagno come anche di investimento di tempo e sforzo che dovrete metterci. Conoscere le vostre opzioni va ad aumentare decisamente le vostre possibilità di successo.

L'obiettivo di questo libro è di dare una panoramica del mercato e di conoscenza e mezzi necessari per valutare le vostre probabilità di successo nel mercato estero. Anche se i vostri diritti stranieri sono stati già contratti da un editore, è importante sapere quali sono le vostre opzioni. Ci sono molte possibili scelte per i vostri libri attuali e futuri nel mondo editoriale odierno, in costante e rapido mutamento.

Sapere quali opzioni sono a vostra disposizione può aiutare a guidare le vostre decisioni per andare avanti. Se avete già assegnato i vostri diritti per le lingue straniere, probabilmente non ci avevate mai pensato molto. In passato questi diritti esteri sarebbero stati considerati "denaro trovato", dato che questi erano mercati inaccessibili da autori individuali. O magari siete un autore indipendente che si chiede se vendere i propri diritti esteri o tenerseli.

Qualsiasi sia il caso, le barriere linguistiche, culturali e fisiche significavano che non si poteva accedere da soli ai mercati esteri. C'era bisogno di un agente e di un editore estero interessato a pubblicare il vostro libro in quella lingua, e lo stesso la cosa era raramente sostenibile economicamente. Tutto questo è cambiato.

La tecnologia ha reso le pubblicazioni generali indipendenti fisicamente possibili ed economicamente abbordabili. Ci sono molti modi per tradurre il vostro libro in molteplici lingue e il metodo che scegliete può fare la differenza sulla generazione di profitti o meno da parte del vostro libro. È di vitale importanza capire le opzioni disponibili per i vostri libri già pubblicati, come anche per quelli che pubblicherete in futuro.

Potreste anche volere riottenere i diritti. Ad ogni modo il materiale contenuto in questo libro vi darà una profonda comprensione di come poter monetizzare i vostri diritti esteri andando avanti. Conoscere tutte le opzioni vi sarà di aiuto nel prendere una decisione consapevole. Non c'è nessuna risposta corretta, ma solo l'organizzazione che meglio funziona per voi.

I tempi stanno cambiando

Non tantissimo tempo fa l'unico modo per far tradurre i vostri libri in lingue straniere era per mezzo di un agente o di una società editoriale. Si assegnavano i diritti per la traduzione all'editore, che poi vendeva i diritti a un agente o a una società editoriale in un altro paese. C'erano molte persone coinvolte nel processo e tutti ne prendevano parte, con il risultato che alla fine restava sol un minuscolo ritorno economico per l'autore.

Gli autori talvolta danno per scontato che non ci siano soldi nelle traduzioni, ma spesso il motivo è semplicemente che i soldi vengono divisi in troppi modi e solo una piccola percentuale resta effettivamente all'autore alla base della catena alimentare. Gli autori che prendono accordi per i diritti esteri spesso vedono la rete avanzare senza nessuna amministrazione contabile dettagliata, e magari restano anche all'oscuro del ricavo lordo dei loro libri.

Il processo viene ulteriormente complicato dalle barriere linguistiche, dall'amministrazione e dalla lentezza della macchina burocratica. Molti autori con traduzioni dei loro libri in lingue straniere spesso non ricevono nulla oltre a un minimo anticipo iniziale. Aggiungiamoci dei rapporti di vendita lacunosi o assenti e non c'è da meravigliarsi che molti autori credano che le traduzioni estere non valgano il tempo né la fatica.

La tecnologia ha cambiato tutto questo. Internet ha messo in collegamento traduttori e autori come non mai. Abbiamo anche dei resoconti automatici, delle piattaforme di vendita online e degli efficienti sistemi di distribuzione. Non c'è più bisogno di qualcuno che stia in mezzo a prendere gli accordi e ad avere la sua parte. Potete trattare direttamente con un traduttore e pubblicare il vostro libro esattamente nello stesso modo in cui fate con le versioni in lingua originale, perché il progresso tecnologico ha rimosso la maggior parte delle barriere.

Il punto è che le cose stanno cambiando rapidamente e più opportunità si presentano ogni giorno agli autori. È più importante che mai accertarsi di prendere decisioni consapevoli e informate, indipendentemente dal percorso che scegliete. Io per quanto mi riguarda voglio stare in cima alla catena alimentare in quanto creatore dell'opera. Voi no?

Spero che questo libro vi aiuti a evitare alcuni degli errori da principiante che io stesso ho commesso e, cosa più importante, a sfruttare al meglio l'enorme valore della vostra proprietà intellettuale. Avete il potenziale di guadagnare molti più soldi con i vostri libri, traducendoli in altre lingue.

Perché traduco

Scrivo gialli e thriller sotto pseudonimo. Pubblico indipendentemente su molte piattaforme di vendita, incluse le principali come Amazon, Apple iBook, Barnes &Noble, Google Play e Kobo come anche per mezzo di rivenditori minori.

Ho iniziato a far tradurre i miei libri diversi anni fa. Al tempo c'erano poche se non nulle informazioni disponibili in rete, quindi ho imparato per tentativi ed errori. Ci sono enormi opportunità per autori che guardano al futuro con mentalità aperta, ma ci vuole un po' di lavoro. Condividendo le mie esperienze con voi spero di rendere la cosa più facile e scorrevole possibile, e magari stabilire anche una rapida strada verso il successo.

Credo nell'avere molteplici entrate, o nel tenere le mie uova in molte ceste se così si può dire. Sono uno scrittore a tempo pieno, ma la scrittura non è la mia unica fonte di reddito. In aggiunta al mio reddito da scrittore, gestisco anche part-time una piccola impresa e guadagno un profitto dai miei investimenti.

In quanto investitore so diversificare i miei investimenti per spalmare il rischio che ciascuno di essi possa andare terribilmente male e mi faccia perdere tutto. Ma diversificare non significa solo essere al sicuro: vi può anche esporre a maggiori opportunità. Ho seguito la stessa strategia con i miei libri: fare investimenti strategici, essere aperti alle opportunità e ridurre il rischio ovunque posso.

Credo nella diversificazione non solo per suddividere il rischio, ma anche per massimizzare l'opportunità.

A parte scrivere in molteplici serie e generi, ci sono altri modi di diversificare come gli audiolibri, i tascabili e i libri con copertina rigida. Pubblicare su molte piattaforme di vendita invece di restare esclusivi con una sola è un altro modo di diversificare. Ovviamente ci sono argomenti a sostegno anche del contrario, e alcuni autori trovano che le loro entrate siano massimizzate dalla concentrazione su un'unica esclusiva piattaforma.

Potete addirittura fare entrambe le cose. Magari decidete di essere un esclusivo Kindle Select per i vostri libri in lingua originale ma vendete ampiamente le traduzioni in lingua straniera. Ci sono tantissimi modi di espandere il vostro business letterario, e la traduzione è uno dei modi migliori per allargarsi a nuovi mercati e monetizzare ulteriormente i vostri beni letterari.

Ogni vostro nuovo progetto letterario potenzialmente allarga il vostro pubblico. Aumentare la linea del prodotto fa anche salire il vostro reddito, almeno in teoria. La vostra opera deve essere ovviamente commerciabile. Ma la commerciabilità in una lingua non garantisce la popolarità in altre lingue, paesi o regioni. I gusti tanto nella narrativa che negli altri generi variano ampiamente per paese, regione e lingua, una cosa che dovete senz'altro considerare prima di decidere di buttarvi. Ma il mercato è lì se avete un buon libro nel giusto genere e nella giusta lingua.

La narrativa romantica sembra essere popolare ovunque, ma quell'ampia categoria ha tanti sottogeneri e nicchie che variano ampiamente in popolarità tra diverse culture, lingue e lettori. Se scrivete fantascienza o fantasy, o gialli e thriller, ci sono un sacco di mercati anche per voi.

Mantenere il controllo

La tecnologia permette agli autori di prendere il controllo della propria proprietà intellettuale e raggiungere più gente oggi rispetto a qualsiasi altro momento della storia passata. Oggi molti autori pubblicano direttamente sulle piattaforme di vendita come Amazon, Apple e altre, saltando il tradizionale percorso editoriale. Non molti anni fa gli editori tradizionali erano i guardiani e decidevano chi veniva pubblicato e quando.

Alcuni dei pochi prescelti potevano anche far tradurre i loro libri in altre lingue in speciali "offerte di diritti", dove l'editore assegnava questi diritti in cambio di un corrispettivo. Alla fine però la maggior parte di questi autori vedeva ben poca parte di quel denaro.

Tutto questo ha subito una svolta. Ogni grande opportunità porta anche nuove questioni e ostacoli da considerare. Alcune persone amano il controllo dell'avere le mani avanti per primi, mentre altri preferiscono che ci sia qualcun altro a navigare per loro. La buona notizia è che potete seguire qualsiasi via faccia più al caso vostro. Questo libro vi fornisce le informazioni di cui avete bisogno per prendere una decisione consapevole.

Io ho tradotto i miei libri in molte lingue negli ultimi anni e ho in programma di tradurne molti altri. Sono fortunato che la mia lingua madre sia l'inglese, la prima lingua in cui gli e-book sono stati ampiamente adottati. Sono convinto che l'attuale ambiente delle pubblicazioni indipendenti sia solo all'inizio. Ci sono molti più mercati e lettori che cercano libri scritti da autori come me. È fantastico poter decidere quali libri voglio vendere e in quali mercati. Mi piace la capacità di poter personalmente prendere le decisioni e adattarmi rapidamente se le condizioni del mercato mutano.

Più prodotti da vendere

Avete già scritto il vostro libro e avete un prodotto da vendere. Perché non tradurlo in quante più lingue possibile? Ogni lingua rappresenta una nuova entrata. Tutto quello che vi serve è qualcuno che lo traduca in un'altra lingua. Facile, no?

La pensereste così, ma...

Tradurre, come scrivere, è un'arte. Se avete mai usato uno strumento di traduzione meccanica come Google Transalte e avete una comprensione tanto della lingua d'origine che di quella di destinazione, saprete benissimo che ogni lingua ha delle sfumature che sono facilmente – e spesso – difficili da tradurre. 'Lost in translation', come si dice nel gergo del settore.

Struttura della frase, coniugazione dei verbi e significati possono differire da una lingua all'altra. Anche all'interno della stessa lingua i significati e i dialetti possono variare. Inglese americano e britannico per esempio, o spagnolo in Spagna contro quello in Sud America. Le differenze minime spesso sono comprensibili tra le regioni, ma quelle più importanti potrebbero non essere tollerate né tantomeno capite. E anche se vengono capite, certo non volete tirare un lettore di colpo fuori da una storia con termini o struttura sintattica poco familiari. Volete sicuramente che il vostro libro scorra allo stesso modo della lingua in cui l'avete scritto.

Il vostro traduttore effettivamente sta riscrivendo il vostro libro dall'inizio alla fine, quindi è importante assicurarsi di trovare qualcuno che traduca non solo il significato delle parole, ma anche il tono e l'umore della storia. Un giallo/thriller tradotto deve mantenere la stessa suspense e tensione per una lettura sulle spine.

Una buona traduzione vende molti più libri di una mediocre. Una cattiva traduzione andrà a macchiare la vostra reputazione e dissuaderà i lettori dall'acquisto dei vostri futuri libri. Per fortuna ci sono dei modi per assicurarsi che vi capiti la prima di queste circostanze, e li esploreremo nei capitoli successivi. Alcuni fortunati di voi troveranno un traduttore così bravo che la versione tradotta potrebbe rivelarsi addirittura migliore del testo originale!

Vi darò tutte le informazioni di cui avete bisogno per trovare i traduttori di prima scelta e rendere globali i vostri libri. E ora iniziamo!

2

PERCHÉ TRADURRE? E PERCHÉ DOVRESTE FARLO

Ci sono molti motivi per tradurre i vostri libri in altre lingue. Troverete nuovi lettori. Gente che non parla né legge la vostra lingua non scoprirà mai la vostra opera a meno che non venga scritta in una lingua che possano capire. La traduzione vi permette di oltrepassare le barriere linguistiche e connettervi a lettori che altrimenti non raggiungereste mai.

La convinzione più comune è che i libri debbano essere già dei bestseller per giustificarne una traduzione, e che anche in quel caso sia comunque un po' un azzardo. Io penso che sia un'esagerazione, ma i vostri libri dovrebbero quantomeno essere popolari nel vostro genere prima di considerare di spostarvi verso mercati nuovi (e spesso più piccoli). Un mercato di per sé più piccolo non significa comunqueche le vendite saranno minori per il vostro libro. Spesso c'è meno competizione e potete addebitare costi più alti, cosa che la maggior parte della gente trascura quando stima il valore dei propri diritti esteri. Ma dovete sempre dare un'occhiata critica ai vostri libri quando considerate i mercati cui desiderate accedere.

Questo è un importante primo passo da compiere prima di andare avanti.

Libri che non vendono tanto nella lingua originale possono rivelarsi delle hit di successo in un'altra lingua. Questa è l'eccezione piuttosto che la norma, ma accade più spesso di quanto possiate pensare. Di certo non raccomando di tradurre un libro che vende poco. Spesso venderà scarsamente anche nelle altre lingue per lo stesso motivo per cui non va nella lingua d'origine. Ma se avete un libro ben scritto, con buone recensioni da parte dei clienti e vendite decenti, c'è possibilità che il libro venda bene in un altro mercato. Ci sono molti esempi di libri che hanno fatto esattamente così.

Ci sono altre considerazioni oltre alle vendite attuali. I mercati variano drasticamente a seconda della lingua, del paese e del genere. Per esempio i piccoli gialli sono molto popolari in inglese, ma non vendono molto in spagnolo. Il genere romantico è il più popolare in quasi ogni lingua e paese, ma il successo di molti sottogeneri romantici varia ampiamente per motivi di gusto e usanze culturali.

I thriller e i romanzi criminali sembrano essere i più popolari nell'emisfero settentrionale. Forse a causa di quei lunghi inverni? Infine, come la moda anche i trend vanno e vengono. Il modo migliore di vedere se vale la pena per voi tradurre è studiare il mercato e i punti vendita nella vostra lingua di destinazione. Se ci sono libri simili ai vostri, allora ci sono possibilità che valga la pena dare un'occhiata.

Alla data di questo scritto, Amazon è il negozio dominante nella maggior parte dei paesi di lingua inglese, anche se Kobo è il numero uno in Canada ed è popolare in Australia e Nuova Zelanda. In nord America e nel Regno Unito tendiamo a vedere il mondo attraverso degli occhiali color Amazon, ma Amazon in molti paesi non è il numero uno. In un buon numero di paesi Amazon non ha neanche un magazzino. In Francia per esempio la libreria online più popolare è Fnac.com, anche se Amazon segue a ruota. L'Italia ha molte librerie, inclusa Mondadori, ma Amazon resta comunque molto popolare.

I libri tradotti possono avere prezzi molto più alti in alcune lingue confronto ad altre. È più che altro una questione di domanda e offerta. L'inglese, il mercato di e-book più maturo e con la più ampia fornitura e selezione, ha anche i prezzi più bassi e la concorrenza più elevata. Molti autori si concentrano solo sui mercati più grossi, come quelli in lingua inglese e tedesca, ma in alcuni casi potrebbero trovare dei profitti più facili in altri mercati di nicchia dove i loro libri svetterebbero tra la folla. Un libro famoso del giusto genere può comandare un prezzo premium, spesso di 9,99 o più alto per un romanzo ben scritto. Io preferisco avere il 70% di 9,99 dollari piuttosto che il 30% di 99 centesimi. Devo vendere più di 23 libri a 99 centesimi contro uno a 9,99 dollari per guadagnare gli stessi soldi.

Un altro bonus aggiunto alle traduzioni in lingua straniera e l'ulteriore visibilità se la vostra lingua di destinazione è in un mercato meno competitivo. È più facile entrare nella lista dei bestseller in un mercato meno affollato. Il vostro libro potrebbe essere un contendente?

Controllate i libri nella lingua che state considerando per vedere se i libri simili al vostro sono popolari. Lo status dei libri bestseller può anche variare drasticamente da negozio a negozio all'interno di ogni paese, quindi accertatevi di scoprire quali negozi sono i più popolari in ogni particolare paese e usate quelli come guida. Poi guardate quali generi stiano vendendo bene lì. Il vostro genere è uno di essi? Se sì, potrebbe valere la pena di avventurarsi a tradurre.

È anche importante ricordare che un bestseller numero 1 su Amazon Brasile non assomiglia per niente a un numero uno su Amazon America in termini di volume delle vendite. Il mercato in Brasile è molto più ridotto in termini di lettori e il prezzo di vendita è molto più basso. Questo significa meno soldi per voi.

D'altro canto ci sono anche meno libri in lingua portoghese in vendita confronto ai libri in inglese sul sito americano Amazon.com. Questo più basso volume delle vendite significa che ci vogliono meno vendite per arrivare allo status di numero 1 della hit. Questo significa maggiore visibilità per voi, e la visibilità di per sé porterà ulteriori vendite del libro.

Tutto questo ha l'obiettivo di illustrare che ci sono in atto numerose variabili. Quello che può apparire come un mercato troppo piccolo può effettivamente essere proficuo quando si considerano tutti questi fattori, soprattutto in un mercato in crescita. Ma nel frattempo non date per scontato che un bestseller brasiliano vi permetta di fare centinaia di migliaia di dollari. Non lo farà. Almeno non ancora.

Probabilmente sapete che *Uomini che odiano le donne* e gli altri libri di Stieg Larsson sono stati originariamente pubblicati in svedese. Hanno venduto bene in Svezia, ma la traduzione in tedesco non è stata veramente notata. Poi sono stati tradotti in inglese e le vendite sono decollate in modo massiccio in nord America, nel Regno Unito e... la traduzione tedesca in Germania. Il catalizzatore è stato la versione inglese, che ha spinto i lettori tedeschi a notare finalmente il libro in Germania. Portare i vostri libri su molti mercati può avere effetti esponenziali. Magari il vostro libro sarà il prossimo grandioso successo.

Passato, presente e futuro

L'unico modo per entrare nei mercati esteri qualche anno fa era attraverso un agente dei diritti esteri, di solito attraverso il vostro agente regolare. Poi si pagava una percentuale all'editore straniero prima che al proprio agente e a quello straniero. L'idea di pagare ampie commissioni era accettabile perché non c'erano altre alternative. C'erano molte persone coinvolte e ciascuna aveva la sua parte. Il risultato finale era che la maggior parte degli autori oltre a un piccolo anticipo non vedeva mai un centesimo.

Molti autori pensano che le traduzioni in lingua straniera non rendano perché non hanno reso per *loro*. Ma rendono eccome per le persone nel mezzo: il vostro editore, l'editore straniero e quell'uno o due agenti coinvolti. Se così non fosse, il vostro editore non sarebbe così insistente nel tenere chiusi a chiave i vostri diritti esteri quando firmate un contratto di pubblicazione.

Qualcuno sta guadagnando dei soldi, ed è ora che quel qualcuno siate voi! I tempi stanno cambiando ancora, e sta cambiando anche il modello.

Tempo fa, quando non c'era ancora internet, niente di tutto ciò era possibile. Diversi anni fa era difficile scavalcare le barriere linguistiche. Non c'era niente di simile neanche alla pubblicazione autonoma. Tutto ciò è cambiato e gli editori individuali oggi hanno un mondo di opportunità che non sono mai state disponibili prima d'ora. La tecnologia ha abbattuto le barriere e ha costruito delle piattaforme per permetterci di raggiungere più lettori che mai.

Cose semplici come Google Translate ci permettono di tradurre rapidamente e facilmente le lingue straniere nella nostra. La traduzione è generalmente piuttosto letterale, quindi non esattamente gradevole, ma con questo il lavoro è fatto. Improvvisamente con un click sul pulsante 'traduci' possiamo avere una traduzione abbastanza adeguata da afferrare molto velocemente il significato di un sito web, di un articolo o di un testo. E giusto nel caso in cui ve lo stiate chiedendo, voglio chiarire che non dovreste MAI usare Google Translate per tradurre i vostri libri! Non potrà mai sostituire un traduttore letterario. Almeno non ancora.

Clausole nelle pubblicazioni tradizionali e nei diritti esteri

Se avete pubblicato in maniera tradizionale, il vostro contratto editoriale tipicamente assegna i vostri diritti all'editore per 70 anni oltre la vita. La vostra vita intera e forse anche quella dei vostri figli! Questo a me è sempre apparso draconiano, ma le cose andavano così e basta. E vanno ancora così. Perché se vendete i vostri diritti esteri attraverso il vostro editore, è probabile che avrete termini simili.

I termini non sono il massimo, ma almeno non c'è nessuna fatica da parte vostra. Ma il risultato netto vale l'opportunità di costo di cui avete appena firmato la cessione? Come potrete mai sapere come sarebbe andata? Il conteggio delle royalty non è così appannato da non poter mai sapere a quanti soldi avete rinunciato, fino a che non considerate e non fate il confronto con le nuove opzioni che ci sono a disposizione oggi.

Anticipo a parte, se vendete abbastanza libri da guadagnare il vostro anticipo, guadagnate una percentuale dell'incasso netto dell'editore da parte del venditore. Di solito di tratta di una piccola percentuale. Ricordate tutte quelle persone nel mezzo? Deducono sempre le loro commissioni e spese prima che i soldi arrivino a voi, il creatore del libro. Questo significa un sacco di soldi in meno per voi, l'autore.

Un motivo per cui molti autori credono che le traduzioni in lingua straniera non siano redditizie è che non vedono mai arrivare da esse tanti soldi. Danno per scontato che la cosa sia dovuta a mercati più piccoli o allo scarso crossover della loro opera in altre lingue. In parte può anche essere vero ovviamente. Ma spesso il motivo principale è che la quantità residua rimasta per l'autore è scarsa una volta pagate tasse e spese agli intermediari.

Ci sono assoluti vantaggi negli accordi tradizionali. Si firma e si dimentica, lasciando le preoccupazioni editoriali e promozionali a qualcun altro. Si possono avere maggiori opportunità nella produzione stampata con un editore tradizionale perché è in loro potere far arrivare il vostro libro a un maggior numero di negozi (almeno in teoria). Ma al giorno d'oggi gli editori autonomi possono inserire i loro libri negli stessi canali di distribuzione e nei medesimi cataloghi degli autori pubblicati tradizionalmente. Questo potrebbe essere sempre un dato variabile da paese a paese, ma le barriere stanno rapidamente crollando. Credo fermamente che qualsiasi vantaggio dell'editoria tradizionale confronto a quella indipendente sarà scomparso nei giro dei prossimi 3 o massimo 5 anni.

Naturalmente la maggior parte degli autori preferisce scrivere piuttosto che dover gestire tutte le complessità della pubblicazione e del marketing. Se siete fortunati, date un'occhiata di tanto in tanto. E anche se non sarete pienamente coscienti che state lasciando dei soldi sul tavolo, c'è un altro svantaggio nel vendere i vostri diritti: perdere controllo e visibilità delle vostre vendite. Entreremo più nel dettaglio su questo argomento più avanti nel corso del libro.

Se pubblicate tradizionalmente, probabilmente avete già firmato i diritti della traduzione in lingua straniera per alcuni dei vostri libri o per tutti. La maggior parte degli autori lo fanno quando firmano il loro contratto editoriale. Ricordate il fattore moltiplicante che ho citato prima sui tre libri e le 9 nuove lingue? State veramente rinunciando a un sacco di potenziali introiti futuri quando cedete questi diritti. Anche se è uno slancio pazzesco per il proprio ego quello di riuscire a firmare con un editore, è ancora più emozionante vedere i soldi che si accumulano nel vostro conto corrente. Conoscere le vostre opzioni può aiutarvi ad agguantare le opportunità per il futuro.

È una buona idea controllare i vostri contratti in essere per vedere quali, se ce ne sono, diritti esteri avete firmato e quali diritti sono ancora sotto il vostro controllo. Poi saprete quali libri potreste essere in grado di far tradurre autonomamente.

La terminologia legale può confondere nei migliori casi.

Varia anche da paese a paese, quindi è sempre una buona idea rivedere qualsiasi contratto insieme a un avvocato prima di firmare. Anche se il vostro editore e agente possono essere delle persone fantastiche, hanno comunque i loro legittimi interessi nel contratto insieme ai vostri. E anche se gli agenti possono essere ben preparati nell'editoria, non sono comunque degli esperti di legge. L'opinione di un avvocato può sembrare inizialmente costosa, ma molto probabilmente a lungo termine vi farà risparmiare o guadagnare più soldi.

Piena dichiarazione di non responsabilità: non sono un avvocato e non si tratta di un consiglio legale. Semplicemente credo che tenere sotto controllo la propria proprietà intellettuale abbia sempre senso nei buoni affari. Come dice il detto: il diavolo si annida nei dettagli.

Se avete già firmato un contratto, dovete determinare se avete venduto o assegnato i vostri diritti. Questa distinzione è molto importante. Se li avete venduti, il vostro contratto potrebbe avere dei termini che specificano il diritto di copiare, distribuire, rappresentare, ecc. È molto probabile che abbiate ceduto l'utilizzo di questi diritti all'editore. Se fosse davvero così, potrebbe anche darsi che abbiate ceduto pure i diritti di traduzione del vostro libro.

Oggigiorno è più comune dare licenza dei propri diritti. In questo caso avete garantito un diritto all'editore. Potrebbe essere limitato in ambito e tempo. Ad ogni modo i termini possono essere comunque ampi. Avete garantito diritti per gli e-book in inglese o diritti esclusivi per tutto il mondo? È importante considerare quanto ampie o limitate siano queste licenze di diritti nel vostro contratto in particolare. Ecco dove il consiglio legale prima di firmare un contratto potrebbe davvero ripagare a lungo termine.

Considerate anche se l'editore ha sia l'esperienza che l'attenzione per sfruttare i diritti per conto vostro. Se così non fosse, potrebbe essere meglio tenerseli.

Per contratti futuri è importante capire cosa intendete ottenere e a cosa dovete rinunciare. Chiedete al vostro agente informazioni riguardo a vantaggi e svantaggi, ma tenete a mente che
l'agente ha un proprio interesse nella vostra firma con l'editore,
dato che è in questo modo che viene compensato e si guadagna
da vivere. Potreste avere un sacco di potere di negoziazione, o
anche no, ma è sempre bene essere ben informati. E dato che
l'editore vuole il vostro libro, probabilmente avete più influenza
sui termini del contratto di quanto pensiate di primo acchito.

È buona prassi negoziare per dare all'editore solo i diritti
cui potrà probabilmente dedicarsi, piuttosto che i diritti esclusivi. Se non vi fornisce dettagli specifici su cosa faranno con la
traduzione e gli altri diritti, assegnategli solo dei diritti limitati.
Conservate i diritti per tutto il resto, compresa la traduzione.

Con così tante opportunità oggi e nel prossimo futuro, voi o
qualcuno che assoldorete potrà quasi certamente monetizzare i
diritti con maggiore efficacia. I tempi stanno cambiando e voi
non sarete i primi autori a chiedere dei cambiamenti nel
contratto per i diritti esteri del vostro libro.

Un cambiamento che potreste voler considerare è limitare il
termine del contratto. In questo modo se non siete soddisfatti
dei risultati, potrete contrattare con un altro editore una volta
scaduto il termine, o gestire il processo di traduzione da soli
seguendo i passi illustrati in questo libro. Un termine più breve
per il contratto fornisce ulteriore incentivo per l'editore per
promuovere il libro da subito.

Che scegliate di assegnare i diritti all'editore o di tenerli per
monetizzarli voi stessi, prendete una decisione consapevole.
Solo perché non siete famosi oggi non significa che non lo
sarete mai. J.K. Rowling ha siglato un contratto con un editore
per i diritti di stampa, ma ha avuto la lungimiranza di tenere
per sé i diritti di e-book e altri diritti sussidiari. Questa decisione le ha fatto guadagnare decine, se non centinaia, di
milioni di dollari.

Carrie Fischer di Star Wars ha assegnato tutti i suoi diritti derivati per una piccola (per gli standard hollywoodiani) somma, e non è stata pagata niente di più per tutto il commercio creato grazie alla sua immagine. Ha perso in questo modo milioni di dollari. Si tratta di un esempio estremo, ma è sempre difficile prevedere cosa potrebbe diventare un bestseller di successo negli anni futuri. Qualcosa di simile potrebbe accadere a voi, e non potrete cancellare l'inchiostro sul contratto una volta che l'avrete firmato.

Detto tutto questo, se state leggendo questo libro ci sono buone probabilità che stiate già pensando all'idea di assumere maggiore controllo dei vostri diritti di traduzione estera. Ci sono modi per mettere il vostro libro nelle mani di lettori di terre straniere pur mantenendo il controllo sulla vostra proprietà intellettuale.

Questo libro è stato scritto principalmente per gli autori indipendenti, quindi si focalizza sul fai-da-te, ma osserveremo tutte le opzioni in modo che possiate prendere decisioni consapevoli.

Un mondo di opportunità e molteplici entrate

Oltre a essere un autore, penso a me stesso come un qualsiasi altro commerciante che cerca dei modi per espandersi e guadagnare più soldi. I nostri libri sono proprietà intellettuale che può essere trasformata in numerosi nuovi prodotti e molteplici entrate. Ho sempre creduto nella diversificazione, e i nuovi mercati per mezzo della traduzione calzano perfettamente in questo modello.

Credo anche nel vecchio adagio: "La fortuna è ciò che accade quando la preparazione incontra l'opportunità." Oggi è il momento perfetto per creare la vostra fortuna imparando le incredibili opportunità oggi a disposizione per autori come voi. La tecnologia ci ha dato gli strumenti per trarre profitto dalla nostra proprietà intellettuale in modi che finora sono stati impossibili.

Gli e-book stanno diventando sempre più popolari in altre lingue e mercati. Alcune aree di opportunità sono ovvie. La Germania per esempio ha un'alta adozione di e-book, lettori avidi e un numero relativamente alto di lettori con reddito disponibile tale da permettere loro di spendere sui libri. Altre lingue e mercati d'attrattiva non sono così ovvi.

In questo libro parlo di e-book e libri in modo intercambiabile, sebbene gli e-book rappresentino al momento la porzione più grossa dei libri venduti per un autore che si pubblica indipendentemente. Gli e-book hanno anche meno mercato, distribuzione e barriere tecnologiche per accedere ai mercati stranieri. Sono un mezzo a basso costo e a basso rischio per un lettore che vuole provare nuovi autori.

Sempre più persone stanno leggendo e-book ogni giorno sui propri dispositivi, telefoni e tablet. Questo accade soprattutto nei paesi in via di sviluppo, dove fornitura e distribuzione rendono i libri cartacei troppo costosi per buona parte della popolazione. I mercati di e-book possono rapidamente diventare la forma dominante di libro in questi mercati e fornire grandi opportunità agli autori. Ad ogni modo io pubblico sempre sia il formato e-book che cartaceo di tutte le mie traduzioni e vi raccomando di fare lo stesso. Le opportunità nella stampa e le barriere alla distribuzione stanno calando, e con internet anche i cartacei sono a solo un click dai lettori.

È importante studiare ogni lingua e mercato per ottenere una comprensione dei potenziali ritorni. Ad ogni modo non è solo il numero di persone di una particolare lingua o le demografiche di mercato che hanno bisogno di essere studiate. Una maggiore considerazione sono i gusti dei consumatori. La popolarità della lettura come scelta di intrattenimento varia ampiamente per paese, lingua e demografica, quindi è importante conoscere il proprio mercato prima di buttarsi nel tempo e nella spesa della traduzione. Ci sono enormi opportunità, ma anche delle insidie se non si fa la scelta giusta.

La buona notizia è che è molto facile valutare le aree di potenziale crescita una volta imparato dove e come guardare. Questo libro ha tutto quello che vi serve per renderlo possibile. Non c'è mai stato momento migliore per diventare un autore, e non c'è mai stato un momento migliore per tradurre le vostre opere in altre lingue.

3

MERCATI GLOBALI DELLA TRADUZIONE: UNA PANORAMICA

L e opportunità di traduzione variano drasticamente a seconda della lingua, del paese e del genere. Anche la maturità del mercato gioca un ruolo importante. Per esempio, l'adozione degli e-book nei mercati in lingua inglese di Stati Uniti e Regno Unito è molto più matura che in altre lingue e paesi dove i libri digitali stanno or ora iniziando.

Anche la popolarità della lettura come forma di intrattenimento varia di molto. Leggere non è così popolare nei paesi di cultura araba, per esempio, soprattutto in quelli con bassi tassi di alfabetizzazione. I lettori indiani preferiscono di gran lunga i libri di non-fiction ai romanzi. Ci sono anche molti paesi con gusti più conservatori o più liberali che dettano quale genere abbia maggior successo e quale meno.

Questo significa che dovreste studiare attentamente i mercati per lingua e paese e definire in maniera adeguata gli obiettivi della vostra traduzione. Guardiamo la Germania che è considerata il secondo più grande mercato in termini di lingua dopo gli Stati Uniti.

Che genere di libri vendono meglio in Germania? Un'occhiata all'elenco dei 100 migliori libri su Amazon.de mostra che il genere romantico domina la lista, seguito dai thriller. Questa è uno spaccato istantaneo in un punto del tempo, e le cose sono in continuo mutamento, ma almeno ci dà un'idea se i vostri libri appartengano ai generi che maggiormente affascinano i lettori tedeschi.

Se scrivete qualcosa di più specializzato come la storia della Guerra Civile americana, le vostre aspettative dovrebbero pure essere molto più alte in un mercato come gli Stati Uniti, dove l'argomento è comprensibilmente più popolare, piuttosto che al di fuori.

Una volta determinato che il vostro genere sia adatto al mercato straniero, considerate il potenziale di successo del vostro libro contro altri libri simili. Se il vostro libro non vende bene nella versione in lingua originale, vi prego di pensare a lungo e con attenzione se vi possano essere risultati migliori in una seconda lingua. In effetti le cose potrebbero andare addirittura peggio se il mercato è più piccolo.

D'altro canto potrebbero effettivamente andare meglio dei vostri libri in versione originale. Per esempio, se scrivete un romanzo criminale e trovate un mercato di nicchia in danese, i vostri libri tradotti potrebbero trovare un vantaggio competitivo mettendosi in luce in un mercato ristretto.

È importante fare scelte consapevoli per usare al meglio tempo e denaro, sia vostro che dei vostri traduttori. Anche se è il traduttore a fare la maggior parte del lavoro, giustamente si aspetta che il suo investimento di tempo venga ricompensato, soprattutto se sta lavorano con il metodo della condivisione delle royalty. E voi in quanto autori spenderete tempo a selezionare un buon traduttore, formattare e pubblicare il libro, ottenere nuove copertine e promuovere il libro tradotto. Volete ottimizzare le vostre possibilità di successo, e la prima considerazione da fare sono i potenziali mercati dove il vostro libro potrebbe vendere.

Come valutare potenziali mercati

Il metodo che utilizzo è quello di iniziare con i mercati più grandi e vedere quali generi vendono meglio. Se il mio genere è uno di essi, allora indago nei dettagli, incluso il sottogenere, nelle più grosse piattaforme di vendita in quel paese. Notate che il negozio più popolare spesso non è Amazon in paesi fuori dagli Stati Uniti e dal Regno Unito, e i generi che vendono meglio posso anche fortemente variare a seconda della piattaforma di vendita.

Considero i mercati secondo paese, non lingua. Per esempio, gli Stati Uniti e il Regno Unito condividono la medesima lingua, ma hanno in un certo senso gusti diversi per quanto riguarda i generi. Spagna e Messico possono avere gusti di genere simili (o no), ma ci sono differenze regionali molto distinte in termini di traduzione come anche di prezzo. Lo stesso libro in una particolare lingua potrebbe essere redditizio in un paese e non in un altro.

Questa analisi granulare non è una perdita di tempo come potrebbe sembrare, e un po' di tempo speso a studiare ogni mercato vi pagherà i suoi dividendi più tardi dato che saprete dove e quali traduzioni tenere come prioritarie.

Attualmente alcuni dei più grossi mercati di libri sono negli Stati Uniti, in Cina, Germania, Giappone, Regno Unito e Francia. Ci sono anche altri paesi dove gli e-book stanno rapidamente guadagnando popolarità, come l'Italia. I mercati più piccoli possono avere una certa attrattiva per i loro prezzi più alti e il più basso tasso di concorrenza. Per esempio i lettori danesi sono abituati a pagare prezzi più alti per gli e-book rispetto agli Stati Uniti, perché il loro mercato è molto più piccolo e c'è minore scelta.

Alcuni mercati come la Cina sono enormi, ma i prezzi sono molto più bassi, di solito di circa un 20% rispetto ai costi degli Stati Uniti. Ci sono anche significative barriere e punti di limitazione all'ingresso nel mercato per un autore indipendente. Ad ogni modo in Cina quello che perdete in materia di costo lo potete potenzialmente più che recuperare con il volume di vendita, se avete il libro giusto.

Vorrete scegliere i mercati con buoni canali di distribuzione già disponibili per vendere i vostri libri. Non ha senso tradurre un libro per un grosso mercato se non avete modo di raggiungere i lettori. Io amerei tradurre tutti i miei libri in ogni lingua possibile, ma non è pratica né economicamente conveniente.

Ogni mercato ha le sue proprie e uniche opportunità, e trabocchetti. I mercati maturi con la maggiore adozione di e-book di solito corrispondono a prezzi più bassi, più alta concorrenza e più basso potenziale di crescita futura. Un iniziale ingresso in un mercato meno maturo potrebbe significare meno concorrenza e minor sensibilità al prezzo, ma la crescita potrebbe essere lenta o potrebbe non andare come previsto. C'è sempre il pericolo che un mercato piccolo non cresca del tutto.

D'altro canto una più bassa concorrenza vi dà maggiore visibilità e diventa più facile raggiungere nuovi lettori. I mercati più piccoli possono generalmente sostenere prezzi più alti, una cosa che spesso gli autori trascurano quando valutano i loro diritti esteri. Dall'altra parte della medaglia alcuni grossi mercati hanno numeri più piccoli di lettori a causa di cultura, costo o altre scelte d'intrattenimento. Non entrerò nei dettagli qui, dato che le cose sono in costante cambiamento. Condividerò invece il mio metodo di scelta e decisione della priorità della lingua in cui tradurre.

Scegliere i mercati cui accedere

La maggior parte degli autori guarderà ai grossi mercati e darà priorità per la traduzione a quelli, senza considerare i mercati più piccoli e di nicchia che potrebbero effettivamente risultare in maggiori profitti. Per esempio, buona parte degli autori di

lingua inglese guardano la Germania come il primo mercato
più redditizio per i loro libri.

Io valuto le cose un po' diversamente, dando una maggiore
enfasi ai mercati con prezzi più alti e minore concorrenza,
perché ho la sensazione che questo fornisca maggior probabilità di successo e migliori potenziali guadagni a lungo termine.
I vostri risultati potrebbero variare, ma il punto è di considerare
molte variabili invece di valutare solo la misura del mercato, e
soprattutto informarsi in modo da poter prendere delle decisioni logiche e consapevoli, basate sulle informazioni disponibili al momento.

Il mercato statunitense, nonostante i bassi prezzi di vendita,
un tasso di crescita che si è stabilizzato e un alto livello di
concorrenza, è ancora uno dei migliori mercati e potrebbe
rappresentare la scelta ottimale da un punto di vista del
profitto. Ma durerà?

Molti grandi autori stanno trovando che i loro libri restano
in cima alle classifiche per periodi più brevi e devono essere
venduti a un prezzo più basso per raggiungere gli stessi volumi
di vendita dell'anno precedente. Il mercato in lingua inglese in
particolare sta maturando ed è saturo di libri dato che pubblicare è più facile che mai. Ci sono molti altri mercati redditizi
che vale la pena di esplorare.

Cosa dire di enormi mercati ancora da scoprire come la
Cina? Ci sono molti mercati non ancora sviluppati che potrebbero diventare addirittura più redditizi nei prossimi anni. Gli
autori di maggior successo saranno in primi ad accederci. Ma
con l'ignoto si presentano anche i rischi, quindi ho sviluppato
dei criteri per aiutarmi a valutare i rischi e le possibili ricom-
pense derivabili da ogni mercato generale.

Studio i mercati prima per lingua e poi per paese dominante. Una volta identificati i mercati dove i libri del mio
genere sono popolari in generale, considero altri fattori.

Criteri di valutazione del mercato

Il mio mercato ideale ha le seguenti caratteristiche:

PA o Prezzi Alti – i libri impongono prezzi di vendita elevati

CA o Crescita Alta – la lettura è diffusa e stabile o sta aumentando in popolarità

BC o Bassa Concorrenza – un basso numero di libri per fare fronte alla richiesta

MG o Mercato Grande – un mercato di lettori potenzialmente grande

Genere – confermo che il genere e sottogenere da me scelti sono tra i più popolari in quella particolare lingua e mercato e sulle più grandi piattaforme di vendita di quel paese.

Un libro che incontri tre o più di questi criteri ha un buon potenziale. È difficile trovare mercati con tutte queste caratteristiche. Se ce la fate, allora si tratta di un mercato che vale ben la pena di esplorare. Vale anche la pena di notare che un mercato grande senza nessuno degli altri fattori può sempre essere una buona cosa, ma dovrete probabilmente competere sul prezzo (adottare costi di vendita contenuti), e probabilmente dovrete sostenere maggiori costi di pubblicità per guadagnare visibilità, dato che il mercato sarà molto competitivo.

Ecco alcuni esempi di ciò che ho scoperto:

Cinese

Crescita Alta
Bassa Concorrenza
Mercato Grande

Generi popolari:romantico, gialli

Negozi online popolari: Baidu, Douban, Amazon.cn,
Overdrive

Il cinese rappresenta un enorme mercato con un tasso di
crescita molto alto. È potenzialmente molto più grande del
mercato inglese, ma ci sono delle restrizioni e censure contro
certi tipi di libri, soprattutto quelli con tematiche politiche che
potrebbero essere considerate critiche nei riguardi dello stato
cinese. Il mercato cinese è più conservatore di quello degli Stati
Uniti quando si tratta di genere romantico. Molti libri romantici
verrebbero considerati troppo audaci per la censura cinese.
Neanche dei libri che riguardano argomenti storici o politici
delicati sarebbero accettabili.

I prezzi sono molto più bassi che negli Stati Uniti, di solito
attorno a 1/5 dei prezzi statunitensi, compensati da un volume
molto più alto.

Ci sono traduzioni cinesi sia semplificate (Cina) che tradizionali (Hong Kong e Taiwan), quindi vorrete fare entrambe le
cose. È difficile se non impossibile distribuire e vendere traduzioni cinesi in Cina perché c'è bisogno di codice ISBN emesso
dal governo cinese, e l'emissione avviene solo per società editoriali cinesi riconosciute.

Se siete fuori dalla Cina dovete trovare una soluzione di
traduzione che possa fornire tanto la traduzione quanto la
distribuzione se volete raggiungere la maggioranza dei lettori
cinesi: quelli nella Cina continentale. Mi aspetto che queste
scelte crescano entro il prossimo anno, e più avanti nel libro
discuto le opzioni esistenti nella sezione sulle piattaforme di
vendita. Kobo ha aggiunto molto recentemente la distribuzione
di Taiwan, quindi si stanno aprendo dei nuovi canali anche in
quel mercato più piccolo.

Danese

Prezzi Alti
Crescita Alta
Bassa Concorrenza

Generi popolari: romantico, thriller
Negozi online popolari: Bol.com, Kobobooks.com

Amazon ha un negozio danese, ma non è popolare quanto Bol.com. Il mercato qui è piccolo ma la percentuale della popolazione che legge è abbastanza alta, e dato che i nativi di lingua danese sono solo circa 25 milioni, non vengono tradotti in danese così tanti libri come in altre lingue. I lettori sono anche abituati a pagare prezzi più alti.

Kobo poi ha anche appena lanciato Kobo Plus, un servizio di iscrizione a libri online per 10 euro al mese sia per i Paesi Bassi che per il Belgio. Il Belgio ha due lingue principali: danese (un dialetto fiammingo) e francese. Kobo Plus è un lancio pilota del servizio generale di iscrizione a Kobo e mi aspetto che fornisca ulteriore richiesta di e-book tradotti.

Il danese belga (fiammingo) tende ad essere un po' più formale del danese dei Paesi Bassi. Dato che la maggioranza di persone che parlano il danese si trovano nei Paesi bassi, ho optato per un traduttore che venisse da lì.

Francese

Prezzi Alti
Bassa Concorrenza

Generi popolari:thriller, romantico

Negozi online popolari: fnac.fr, amazon.fr, kobobooks.com

I francesi amano le loro librerie, ma dopo una partenza in un certo qual modo lenta, gli e-book stanno finalmente iniziando a fare presa. Questo è un mercato ragionevolmente ampio ma a lenta crescita, un mercato dove gli e-book stanno iniziando ad acquistare favore tra i pendolari. Si tratta sempre di un mercato dove potete entrare all'inizio e farvi un nome. Credo che abbia un potenziale molto buono a lungo termine.

Circa il 40% dei nativi di lingua francese in tutto il mondo sono in Europa, mentre il Canada è posizionato in un distante secondo posto. Il francese è anche una seconda lingua molto comune in molte parti del mondo, incluse le ex colonie francesi, in particolare in Africa.

Preferisco i traduttori dalla Francia semplicemente perché trovo che le loro traduzioni siano più accettate universalmente. I libri che vendono di più sono spesso tradotti sia in francese europeo che in quello canadese perché si tratta per entrambi di mercati consistenti, ma i dialetti sono piuttosto diversi. Il dialetto canadese non è una lingua che i francesi europei vogliano leggere, e lo stesso vale viceversa, ma dato che la maggior parte dei nativi sono europei, il dialetto europeo tende ad essere ampiamente accettato da altre parti. Ovviamente ci sono ancora più varianti del francese nel mondo, ma questi sono i due gruppi più consistenti.

Tedesco

Crescita Alta
Mercato Grande

Generi popolari: romantico, fantascienza/fantasy, romanzi criminali

Negozi online popolari: Amazon.de, Tolinoalliance (Thalia, Weltbild, Hugendubel, Buch.de, club.de, ebook.de, ecc.)

La maggior parte delle persone di lingua tedesca risiedono in Germania, anche se ci sono nativi tedeschi in Austria, Svizzera e altri luoghi. Sebbene ci siano poche varianti regionali del tedesco contro altre lingue, ho optato per traduttori che vengano dalla Germania. Un avvertimento: se contrattate direttamente con terzisti che abitano in Germania, accertatevi che per la legge tedesca il traduttore, non l'autore, possieda il copyright del libro tradotto. Questo può avere un impatto significativo, dato che sarà il detentore del copyright e non voi a detenere l'audiolibro e gli altri diritti derivati.

Un modo per aggirare questo problema è di rendere il contratto un "lavoro su commissione", dove il contraente (il traduttore) concede di assegnare i suoi diritti a voi, l'autore. Come con ogni contratto legale, è meglio procurarsi dei consigli legali se state trattando direttamente con un traduttore tedesco. La legge tedesca potrebbe addirittura andare a sostituire i termini del vostro contratto, a seconda della giurisdizione contrattuale. Dato che le leggi variano e possono cambiare in ogni momento, io evito potenziali rischi sotto questa gestione usando una piattaforma che funga da terza parte come Babelcube, che usa un contratto di lavoro su commissione con il traduttore e ha un meccanismo di disputa del contratto. Altre informazioni su Babelcube più avanti.

Italiano

Crescita Alta
Prezzi Alti
Bassa Concorrenza

Generi popolari: romantico e ancora romantico!

Negozi online popolari: Amazon.it, Mondadori.it

L'italiano è un mercato piccolo ma in crescita con alta adozione degli e-book e prezzi ragionevolmente alti. Sebbene il mercato sia in un certo senso piccolo, leggere è molto popolare in Italia. Ci sono un sacco di librerie, canali di distribuzione e blogger di libri.

Ci sono anche molti traduttori di talento, quindi potete trovare facilmente il traduttore italiano di prima qualità a un costo ragionevole. È uno dei miei mercati preferiti al momento perché non c'è molta concorrenza.

Se dovessi scegliere un mercato con cui iniziare oggi, sarebbe l'Italia.

Portoghese

Mercato Grande

Generi popolari: romantico, non-fiction

Negozi online popolari: Livararia Cultura, Amazon.com.br, Apple iBook, Google Play

La maggioranza di nativi che parlano brasiliano vengono dal Brasile, con il portoghese secondo a una piccola frazione dal Brasile. Il mercato di e-book sta crescendo in Brasile, ma con un'alta proporzione di download gratuiti e prezzi bassi. Ad ogni modo, con un mercato così grande e un sacco di buoni traduttori a disposizione, è un mercato che non dovreste ignorare. Mi aspetto che evolva in modo simile agli Stati Uniti come mercato a basso costo e altamente competitivo.

Il Brasile ha un settore editoriale ben sviluppato. Con l'economia brasiliana in regressione allo stato presente, ci sono un sacco di bravi traduttori di portoghese brasiliano disponibili per lavorare come freelance.

Preferisco un nativo portoghese brasiliano per motivi di ampiezza del mercato.

Spagnolo

Mercato Grande

Generi popolari:romantico, romanzi storici, fantasy

Negozi online popolari: LibreriasGhandi (Messico) BajaLibros (Sud America), Amazon.es, Amazon.mx, Amazon.com

Anche se lo spagnolo è la seconda lingua più popolare in generale dietro al Cinese in termini di nativi che la parlano, questo non si converte in un numero di lettori ugualmente ampio. Per una qualche ragione la lettura non è una delle attività di intrattenimento preferite in molti paesi di lingua spagnola. Inoltre la pirateria è molto elevata in molti paesi del Sud America e questo tiene basse le vendite. Con l'eccezione della Spagna, i ricavi nei paesi di lingua spagnola tendono anche a essere in mediapiù bassi che in Europa e in Nord America.

La maggior parte dei lettori spagnoli europei sono meno tolleranti nei confronti degli spagnoli non europei, come i dialetti messicani o latino americani. Sebbene non ci siano variazioni linguistiche significative tra paesi, ci sono differenze notevoli in quanto a grammatica, scelta lessicale, formalità ed espressioni idiomatiche. I lettori spagnoli capiranno perfettamente il vostro traduttore argentino, ma concluderanno probabilmente che si tratta di una traduzione povera piuttosto che di un diverso dialetto e non esiteranno a dirlo in una recensione.

Questa è un'altra eccezione dove il dialetto più ampiamente accettato potrebbe non essere quello del paese più popolato. La Spagna ha una popolazione di circa 46 milioni di abitanti, che è molto meno rispetto ai 122 milioni del Messico. I dialetti variano anche tra i paesi sudamericani e latino-americani. Mentre la Spagna ha poca influenza sulle sue ex colonie nella vita di tutti i giorni e nella letteratura lo spagnolo europeo sembra essere il più accettato universalmente. Un altro elemento interessante: attualmente il più grosso mercato spagnolo per gli e-book non è né la Spagna né il Messico. È il mercato statunitense su Amazon.com.

Inglese

Mercato Grande

Generi popolari: romantico, giallo/thriller, fantascienza

Negozi online popolari: Amazon.com, Amazon.co.uk, Kobobooks.com, Apple, Google Play

Panoramica:

I miei libri sono scritti in inglese, quindi non li traduco. Seguo lo spelling e la grammatica americane. Il mio consiglio per autori non inglesi che vogliono tradurre in inglese è lo stesso: concentratevi sulla preferenza del paese con la più ampia popolazione, che sono gli Stati Uniti. L'inglese americano è capito da tutti coloro che parlano inglese, anche se ci sono delle variazioni. Il lettore americano è il più critico e inflessibile e potrebbe dare recensioni scarse se leggesse in inglese britannico o in un'altra variante. A volte queste differenze in grammatica e spelling vengono erroneamente considerate errori. Non c'è niente di peggio che una brutta recensione per danneggiare le vendite di un libro, quindi se doveste sceglierne uno, vi raccomando l'americano.

Sia gli Stati Uniti che il Regno Unito hanno un'ampia scorta di libri, quindi i prezzi di vendita sono bassi a causa dell'alta concorrenza e fornitura. Ma se riuscite a entrare in un elenco dei best seller, potete fare molto bene.

La maggior parte dei libri pubblicati tradizionalmente in inglese hanno versioni sia americane che britanniche dato che anche il Regno Unito è un mercato considerevole. Mercati più piccoli come Canada, Australia e Nuova Zelanda tendono a seguire le variazioni sullo spelling britannico.

Avete probabilmente notato finora che il genere romantico sembra essere il più popolare in ogni paese e lingua. I romanzi gialli e criminali sono spesso al secondo posto. Per questi generi assicuratevi anche che il sotto genere del vostro libro sia ugualmente popolare, soprattutto nell'ambito del genere romantico, dato che certi livelli di erotismo non vengono accettati universalmente ovunque.

Altre lingue

Ci sono alcune altre lingue che sto osservando ma in cui non sono proprio pronto a impegnarmi ancora. Questi mercati sembrano promettenti, ma è troppo presto per sapere se varranno lo sforzo o meno. Hanno delle potenzialità in una o due aree, ma ci sono anche dei rischi. Questo può cambiare rapidamente, quindi sarò pronto a balzarci dentro se le circostanze dovessero mutare.

Hindi

Mercato Grande

A primo colpo d'occhio l'India rappresenta un mercato enorme, ma ci sono significative problematiche di cui dovete essere al corrente. Anche se l'inglese è ampiamente parlato e letto come seconda lingua da molti, soprattutto da coloro che hanno un'istruzione più elevata, non è ancora compreso a livello di lettura da una larga fetta di popolazione. L'inglese è generalmente secondo a una prima lingua di Hindi o a una delle molte altre lingue native.

Anche quando l'inglese è compreso, ciò non significa che la persona sia propensa a leggere nella propria seconda lingua. È un dato di fatto che la gente preferisca leggere nella propria prima lingua sopra a qualsiasi altra. Ci sono più di 22 lingue e migliaia di dialetti parlati in India, quindi quello che inizialmente appare un mercato grande è effettivamente molto frammentato.

E poi buona parte della popolazione è analfabeta e la pirateria è diffusa. I libri non sono accessibili né abbordabili per la maggior parte della gente. Metteteci i prezzi estremamente bassi e tutti i differenti dialetti e il risultato finale è la scarsa probabilità di profitti, almeno in Hindi.

L'inglese è un'altra storia. La maggior parte dei genitori vuole che i propri figli imparino l'inglese per massimizzare le opportunità di carriera, quindi è probabilmente qui che si trovano le più grosse possibilità di crescita. Ad ogni modo i libri che vendono di più sono quelli di non-fiction, per scopi educativi o legati alla carriera.

Gli indiani sono ricettivi nei confronti della lettura sui loro smartphone, e gli e-book sono prontamente a disposizione. Per il momento almeno potrebbe essere meglio concentrarsi sulle strategie di prezzo e aumentare i canali di vendita per i libri in inglese nel mercato indiano piuttosto che nel tradurre i vostri libri.

Penso anche che gli audiolibri diventeranno ancora più popolari in questo mercato. Penso anche che i servizi di iscrizione agli e-book diventeranno un modo primario di consumo dei libri in India. Il tempo lo dirà, quindi starò a vedere gli sviluppi.

Per tutti i libri, indipendentemente dal formato, un ostacolo ancora più imponente alla vendita di libri in India è l'assenza di sistemi di pagamento. La maggior parte degli indiani non usa carte di credito. I pagamenti a fronte di acquisti senza contanti sono gestiti principalmente per mezzo dei loro conti lavorativi. Ci sono diverse e promettenti sviluppi per i sistemi di pagamento, ma fino a che non saranno in funzione, è improbabile che questa lingua ripaghi a breve termine.

Indonesiano

Mercato Grande

L'indonesiano bahasa è la lingua ufficiale dell'Indonesia, ma ci sono più di 300 lingue parlate, quindi quello che di primo acchito sembra essere un mercato enorme, è invece in qualche modo piuttosto frammentato. Anche il reddito disponibile è basso. Questa lingua è nella mia lista di osservazione, ma non è una priorità.

Giapponese

Mercato Grande
Prezzi Alti
Bassa Concorrenza

Attualmente non è così facile distribuire e vendere libri in
Giappone se non tramite Amazon Giappone, quindi sto osservando questa lingua e aspettando nuovi sviluppi e opportunità.
Rakuten, la società madre di Kobo, è il principale e-commerce
giapponese e anche Amazon ha un negozio. Le sfide connesse
al mondo delle traduzioni riguardano più che altro la capacità
di trovare un buon traduttore giapponese. Non ho ancora visto
molti traduttori che siano nativi giapponesi. Ad ogni modo è un
mercato che vale la pena di esplorare, quindi è una priorità
sulla mia lista di osservazione.

Russo

Mercato Grande

Il mercato russo è potenzialmente molto grande, ma c'è una
pirateria rampante e i prezzi sono bassi. A questo punto non
vedo un sufficiente potenziale da giustificare una traduzione in
russo, ma la cosa potrebbe rapidamente cambiare.

4

OPZIONI DI TRADUZIONE

Prima di iniziare a cercare traduttori vorrete farvi un'idea sulle opzioni di traduzione disponibili, come anche sui potenziali costi e i vari modi di pagare una traduzione.

Tradurre può essere costoso, soprattutto se avete molti libri che volete tradurre in una o più lingue. Alcuni autori non sono propensi ad anticipare una spesa di denaro per far fronte a una traduzione quando non conoscono il mercato locale o non hanno confidenza né tolleranza al rischio per intraprendere una traduzione in una lingua che non capiscono.

Altri preferiscono pagare direttamente le loro traduzioni per mantenere il controllo e massimizzare i potenziali profitti.

Vendere o assegnare i vostri diritti

Gli autori che vogliono ridurre i rischi a volte scelgono di vendere i diritti esteri anche se il loro libri non ancora tradotti sono delle edizioni indipendenti. Per fare questo lavorerete di solito per mezzo di un agente, ma gli editori stranieri a volte contattano gli autori direttamente se sono interessati a tradurre un libro. Come potete immaginare il reddito potenziale di un autore lungo questo percorso sarà più basso se il libro ha successo, ma il vantaggio è che l'autore non dovrà fare un investimento a priori e potrebbe addirittura ricevere un anticipo.

Un'alternativa più recente è Amazon Crossing, dove potete presentare i vostri libri perché vengano considerati. Se il vostro libro viene scelto per una lingua in particolare, non dovrete affrontare costi in partenza e guadagnerete le royalty come accadrebbe in caso di contratto con un editore. I traduttori di Amazon Crossing fanno offerte per un'opera e vengono in genere pagati con una tariffa fissa oltre a una piccola royalty se viene raggiunta una certa soglia di vendite. Il più grosso vantaggio offerto da questo metodo è la macchina promozionale di Amazon e il posizionamento favorevole nel negozio Amazon.

I traduttori di Amazon Crossing sono generalmente in gamba e una cosa da notare è che questi traduttori fanno anche altri lavori da freelance, quindi potreste sempre contattarne uno direttamente se siete interessati a lavorare con loro.

Lo svantaggio per entrambi questi approcci è che rinunciate al controllo e a parte dei ricavi. L'ultima parola ce l'ha l'editore su ogni scelta e marchio, e voi assegnerete i diritti per un periodo piuttosto lungo, solitamente il termine di vita del copyright di 70+ anni. Invece, per fare un confronto, il termine di Amazon è più breve: 10 anni.

Il vantaggio è che a voi resta molto poco da fare se non firmare il contratto.

Gestire da sé il processo di traduzione

Ci sono anche diversi modi per gestire da soli le traduzioni, e questo è il metodo che preferisco. C'è un certo investimento di tempo all'inizio, ma vale decisamente la fatica. Ci potrebbe essere anche un investimento monetario a seconda del metodo che scegliete. I metodi più comuni sono:

- Pagare il traduttore una quota fissa basata sulla lunghezza dell'opera, di solito espressa in costo per parola
- Pagare in royalty come percentuale dei guadagni del libro
- Una combinazione delle due

Io le ho provate tutte e tre. La mia preferenza varia a seconda del costo del traduttore e del particolare mercato. È una decisione un po' discrezionale dato che ci sono pro e contro in ciascuna di queste opzioni, e alcuni di questi potrebbero essere fattori significativi in certi mercati rispetto ad altri.

Ovviamente sceglierete l'accordo che funziona meglio per voi, ma qualsiasi costo o royalty stabiliate, cercate di pensare al miglior risultato in termini di correttezza anche per il traduttore. I bravi traduttori sono difficili da trovare, e considerare gli interessi di ciascuno e pagare una somma onesta è il modo migliore per sviluppare e sostenere un rapporto produttivo e proficuo a lungo termine.

E cosa più importante, volete sicuramente incentivare il traduttore a fare un buon lavoro in modo che possa lavorare per voi anche su altri libri. Non si può pensare a una persona migliore da avere al proprio fianco in un mercato straniero. Anche se non sono commercianti o promoter, possono esserci di aiuto nel navigare il mercato straniero. Molto spesso faranno promozione al vostro libro senza neanche rendersene conto, dato che pubblicizzeranno la loro traduzione della vostra opera come parte del loro portfolio.

Un paio si miei traduttori mi hanno aiutato ad accedere ai cataloghi nei loro mercati approcciando i cataloghi stessi con i miei libri. Non ho mai suggerito né chiesto loro di farlo:

l'hanno fatto e basta. Trovo che quando si è onesti nel gestire i propri affari, si ottengono spesso dei ritorni inaspettati. A parte questo, è semplicemente un buon karma.

Avete probabilmente ormai calcolato che i costi di traduzione possono rapidamente moltiplicarsi, soprattutto se avete molti libri. Dovreste inoltre avere diversi libri tradotti e pubblicati in ciascuna lingua prima di aspettarvi dei risultati sostanziali. Proprio come i libri nella vostra lingua originale, più libri avete e più venite potenzialmente letti e scoperti. Aspettatevi di avere due o tre libri sul mercato in una lingua prima che le vendite inizino ad avviarsi. Non appena questo accade, otterrete visibilità e i vostri guadagni cresceranno.

Però più libri tradotti significa spese di traduzione più alte. Ci sono ovviamente molti modi di finanziare le vostre traduzioni, ma i seguenti accordi sono tra le modalità più comuni di lavorare con un traduttore.

Tariffa fissa

Secondo questa disposizione, pagate l'intero costo della traduzione. Il pagamento tradizionale è secondo un costo a parola, basato sul conteggio delle parole nella versione originale. Il costo a parola varia di lingua in lingua e può essere diverso anche a seconda dell'offerta e della domanda. Se ci sono molti traduttori ma non tante opere da tradurre, il costo sarà probabilmente più basso. Pochi traduttori ma alta richiesta di solito hanno invece come risultato un costo più alto. Di solito si paga una somma iniziale e si corrisponde il resto alla consegna della traduzione finale.

Il costo dipenderà dal tasso in vigore per quella lingua in generale come anche dai saggi salariali prevalenti nel paese del traduttore. Nel periodo in cui ho scritto questo libro, le traduzioni in tedesco avevano un'altissima richiesta. Alcuni dei migliori traduttori hanno una tariffa che va da 10 a 15 centesimi a parola o più, che significa 8.000-12.000 dollari per un romanzo di 80.000 parole. Alcuni chiedono addirittura una percentuale in royalty oltre a questo costo.

Una lingua popolare con molti traduttori che competono per avere lavoro avrà delle tariffe più basse. Alcuni traduttori lavorano per tariffe che scendono fino a 2 centesimi a parola, ma questa è l'eccezione, non la norma. Questo però non significa che una lingua meno popolare avrà un costo più basso. In effetti il costo potrebbe essere più alto perché ci sono meno traduttori tra cui scegliere.

Anche se le tariffe sono dettate dal mercato, ci sono sempre traduttori che potrebbero essere propensi a lavorare per un costo più basso in modo da ottenere esperienza e crearsi una posizione in quanto traduttori letterari. Se potete fare il necessario atto dovuto, potreste trovare in questo modo un traduttore eccezionale a un costo molto ragionevole.

Secondo la tariffa fissa, l'autore supporta tutto il rischio. Il traduttore viene pagato quando fornisce il prodotto finito, che il libro abbia successo o no. L'autore recupera il suo investimento solo se il libro vende abbastanza copie da bilanciare l'anticipo versato. È più facile a dirsi che a farsi, dato che è difficile vendere e promuovere il vostro libro in una lingua che non parlate né capite.

Il maggior vantaggio nel pagare un costo fisso è che una volta pagato il traduttore non c'è altro da fare. Non è richiesto alcun noioso conteggio di suddivisione delle royalty e non ci sono risentimenti da parte del traduttore se abbassate il costo del libro, lo offrite gratuitamente o andate ad alterare in altro modo le royalty a suo danno. Viene pagato indipendentemente da come poi vada il libro. Molti traduttori di qualità lavorano solo per una tariffa fissa.

Molti dei migliori traduttori lavoreranno per il massimo della tariffa fissa (come 15 centesimi a parola nell'esempio tedesco), e vorranno inoltre una piccola percentuale, come un 2-5%

sulle vendite. Personalmente, se devo pagare così tanto, non accetterei anche la percentuale. Non voglio tutta la seccatura amministrativa, e poi mi pare che una tariffa generosa sia più che sufficiente.

Questo metodo del pagamento anticipato è diretto e ha la minor portata di carico amministrativo dato che non c'è bisogno di consultare un partner per il prezzo e non ci sono dichiarazioni dettagliate di royalty da produrre.

È il più costoso in termini di pagamento anticipato, ma potrebbe essere l'opzione più economica a lungo termine se il vostro libro decollasse e diventasse un bestseller. Studiate i prezzi di vendita in quella lingua e in quel genere e considerate quante copie dovrete vendere prima di recuperare i costi. La mia regola è che se riesco a recuperare il costo nel giro di uno o due anni, pago anticipato.

Pro

- Possedete i diritti della traduzione. Siete liberi di distribuire a tutti i canali di vendita o a uno solo senza dovervi consultare con il traduttore o andare a intaccare i suoi guadagni.
- Continuate a detenere diritti derivati esclusivi per altri formati come audiolibri, tascabili o altri ambiti come il cinema, quindi potete immediatamente sfruttare questi diritti e guadagnare più soldi in minor tempo.
- Flessibilità di prezzo. Potreste scegliere di pubblicare il primo libro gratuitamente per motivi di marketing, cosa che non sarebbe corretta nei confronti del vostro traduttore sulla base della condivisione delle royalty.

- Viene eliminata la necessità di tenere la noiosa registrazione dei dati, che è dovuta in un accordo su base royalty.
- Si minimizza il rischio di dispute legali dato che il contratto termina una volta che il libro viene consegnato.
- Potrebbe essere l'opzione più economica se il vostro libro vende bene.
- Potreste ottenere la traduzione completata in breve tempo dato che il traduttore vi darà priorità in quanto lavoro 'pagato' rispetto a una condivisione di royalty con un più lungo periodo per il pagamento e annessa incertezza.

Contro

- Siete voi a sostenere il costo della traduzione, il che potrebbe essere costoso in modo proibitivo e crescere in maniera esponenziale se avete più libri.
- Potreste non riuscire a recuperare mai il vostro investimento. I prezzi dei libri possono crollare, i modelli di iscrizione cambiare e la concorrenza potrebbe aumentare, impedendovi di recuperare i costi.
- Meno incentivi per un traduttore non etico a fornire un prodotto di qualità dato che non ci sono rischi per lui una volta consegnato il prodotto finale. Potreste non accorgervi che ci sono problematiche di qualità o di revisione fino a che non ricevete delle recensioni negative.
- Il traduttore potrebbe non essere interessato ad aiutarvi con il marketing e la promozione nel mercato straniero non appena viene pagato del tutto.

Divisione delle royalty

Accordo diretto con il traduttore

Una divisione delle royalty è la meno rischiosa per l'autore in termini di costo. Ad ogni modo porta con sé il più grosso rischio per il traduttore, che in genere lavora a tempo pieno per uno o due mesi su un romanzo senza nessuna garanzia di successo o pagamento. Non sa quanto guadagnerà nel tempo né quando guadagnerà, dato che la sua tariffa è una percentuale delle vendite del libro. Questo è uno stacco rispetto a come i traduttori hanno normalmente lavorato in passato, quindi non tutti i traduttori accetteranno di lavorare per una divisione delle royalty.

Tradurre un romanzo è un significativo investimento di tempo per il vostro traduttore ed è più che giusto che abbia anche lui le informazioni che avete voi. È sempre bene essere diretti con il vostro traduttore riguardo la stima delle vendite al meglio delle vostre possibilità, in modo che si possa avventurare in qualsiasi traduzione con un senso realistico del potenziale di guadagno e dei rischi coinvolti.

La maggior parte della gente ha una visione pienamente rosea dei guadagni in generale per editori e autori. Per evitare delusioni o aspettative irreali è una buona idea fornire al vostro traduttore dei dettagli di alto livello riguardo alle vostre vendite presenti per il libro e una bozza di oscillazione di guadagno che ci si potrebbe aspettare per la traduzione. Usate il fatturato netto di vendita attuale e le unità vendute con la previsione che i risultati varieranno in un mercato straniero.

Il fatturato netto delle vendite è particolarmente importante dato che la maggior parte dei traduttori non hanno idea di quale percentuale del prezzo di listino di un libro maturi effettivamente a favore dell'autore. Ovviamente fornite un sacco di dichiarazioni di non responsabilità, ma siate onesti e diretti. Fornite ampie stime dell'oscillazione di guadagno in modo che il traduttore possa almeno avere un senso del ricavo, in modo da poter prendere una decisione consapevole.

Se avete un bravo traduttore, vorrete stabilire con lui una relazione durevole, idealmente per tradurre tutti i vostri libri di una serie. È bene fornire delle stime di vendita conservatrici piuttosto che alzare il tiro e rischiare la delusione. Spesso lo stesso successo di vendita nel mercato d'origine non si ripete in altre lingue e mercati, e i traduttori dovrebbero essere informati anche di questo.

Una buona relazione di lavoro con il vostro traduttore renderà le cose più facili per voi. Lavorare con un traduttore di talento su una serie di libri è molto più facile che selezionare e assoldare un nuovo traduttore per ogni libro.

I traduttori propensi a seguire il metodo della divisione delle royalty spesso hanno un lavoro durante il giorno che permette loro di sbarcare il lunario. Un romanzo fatto part-time potrebbe richiedere sei mesi di tempo o anche di più per essere tradotto, e lo stesso non ci sono garanzie che il traduttore sia d'accordo di tradurre altri libri della vostra serie. Anche se lo facesse potrebbero volerci anni per tradurre tutti i libri di una serie. Penso sia una buona idea tenere lo stesso traduttore per un'intera serie dove possibile. Proprio come l'autore originale, anche lui ha aggiunto la sua 'voce' alla traduzione. Vorreste sentire lo stesso tono in tutti i libri di una serie.

Buona parte dei traduttori non preferiscono questo tipo di accordo. Quelli invece aperti ad esso stanno cercando di guadagnare esperienza nelle traduzioni letterarie o, se hanno già esperienza, stanno correndo un rischio calcolato pensando che il vostro libro possa entrare nelle hit. Se così fosse, l'autore finirebbe con il pagare molto più per la traduzione che se avesse optato per il pagamento anticipato. Molti traduttori vi chiederanno di leggere prima il libro in modo da poterlo giudicare.

Consideratelo un buon segno, che indica che avete a che fare con una persona seria nel suo lavoro.

Se contrattate direttamente con il traduttore, vorrete essere attenti ai termini di contratto. Un tempo ragionevole sono cinque anni, dato che la maggior parte dei libri guadagna il massimo del loro reddito nei primi due anni.

Alcuni autori decidono di dividere le royalty perpetuamente con i loro traduttori. Questo metodo non mi piace, dato che non ho intenzione di stare a calcolare royalty su decine o centinaia di traduzioni quando avrò 90 anni. Se siete attenti nella scelta del libro, dei mercati e del traduttore, quest'ultimo dovrebbe più che guadagnare il suo salario in un periodo di cinque anni. Se il vostro libro finisce con l'essere un best seller, potete sempre decidere di pagare al traduttore un bonus extra.

Uno dei prevalenti aspetti negativi di una divisione diretta delle royalty è che il traduttore non ha niente da rischiare se non rispetta le scadenze o se decide di lasciare il lavoro a metà del progetto. Molti autori si sono lamentati di non aver mai avuto notizie da un traduttore dopo l'approvazione del primo campione di traduzione. Potete sempre ricominciare con un altro traduttore, ma nel frattempo avete ritardato la vostra tempistica di traduzione di mesi o addirittura di anni. Se avete una serie da tradurre, dei ritardi nel primo libro possono rallentare l'intera serie.

Un autore di fantascienza che conosco ha contrattato con un traduttore tedesco conosciuto e di talento per tradurre il suo libro – il primo di una serie di sette libri di fantascienza – in un tempo di 60 giorni. Il tempo è stato suggerito dal traduttore, non dall'autore. Sfortunatamente questo è successo due anni fa, e l'autore sta ancora aspettando il suo libro.

Tecnicamente il traduttore ha interrotto il contratto. Il traduttore sostiene che il libro è completo per l'80% e, dato che si tratta di un accordo sulla divisione delle royalty con un traduttore che altrimenti non si sarebbe potuto permettere, l'autore è riluttante ad agire. Continua a sperare nel libro che non verrà mai. Non sono sicuro di cosa farei nella medesima situazione.

Di seguito ho riassunto i pro e i contro del trattare direttamente con il traduttore.

Pro

- Nessun costo anticipato per l'autore.
- Il traduttore è motivato a fornire una traduzione di qualità.
- Il traduttore è incentivato ad assistervi con marketing e promozione del libro nel mercato straniero, dato che questo potenzialmente farà aumentare i suoi guadagni entro il termine del contratto.

Contro

- Minore flessibilità di prezzo, come offrire libri gratuiti o sconti senza discussione o accordo da parte del vostro traduttore.
- Registrare costantemente i dati può essere un dispendio di tempo oltre che una noia, dato che dovrete tenere sempre traccia delle vendite per libro, paese, valuta e piattaforma.
- A seconda del paese potrebbero esserci questioni di tasse internazionali come ritenute sui pagamenti, esenzioni o responsabilità di tasse inaspettate.
- Potreste esporvi a perdite dovute alla valuta straniera se venite pagati in una valuta e dovete pagare il traduttore in un'altra.
- Il traduttore potrebbe non rispettare delle scadenze o non consegnare. Questo non ha impatto solo sul libro presente, ma anche su quelli successivi nella

serie. Il traduttore non ha alcun incentivo monetario per consegnare se è impegnato in qualcos'altro.

Potete anche optare per una variazione di questo metodo lavorando secondo la divisione delle royalty con il traduttore su una piattaforma come Babelcube invece che trattare direttamente con la persona. In aggiunta ai pro e contro di cui sopra, ci sono ulteriori considerazioni se decidete di seguire questa strada.

Suddivisione delle royalty utilizzando una piattaforma per le traduzioni

Nel prossimo capitolo ci addentreremo negli aspetti pratici dell'utilizzo di piattaforme che facciano da terzi, ma per ora guarderemo solo cosa considerare quando si dovesse decidere se seguire o meno questa strada.

La cosa migliore delle piattaforme per le traduzioni è che si occupano di tutti i compiti amministrativi. La piattaforma intercede anche per vostro conto in caso di non esecuzione, ricordando ai traduttori di rispettare le scadenze e gestendo altre questioni legate alla mancata consegna, come dispute sulla qualità della traduzione stessa. Questi casi sono rari, ma accadono. Personalmente non amo gestire questioni del genere, quindi trovo che questo compromesso offra un enorme vantaggio.

Ci sono anche benefici legali in questo accordo, dato che la piattaforma per le traduzioni ha un contratto standard con termini che proteggeranno i diritti della vostra proprietà intellettuale, come la problematica della proprietà del copyright tedesco citata prima.

Questo è esattamente quello che fanno nella versione del contratto di 'lavoro su commissione' proposto da Babelcube. Potrei facilmente incorporare gli stessi termini nel mio contratto,ma dato che non sono un avvocato, esito a farlo. Qualsiasi piattaforma utilizziate, leggete attentamente il contratto e assicuratevi che tutto sia chiaramente dichiarato, così che non ci siano incomprensioni più tardi.

Discuteremo le specifiche piattaforme nel prossimo capitolo.

Per riassumere, una traduzione per mezzo di una piattaforma per traduzioni è un'opzione attraente con un investimento anticipato da parte dell'autore. L'unico rischio significativo è una traduzione di scarsa qualità, che potete evitare scegliendo con attenzione il vostro traduttore e valutando la traduzione campione.

Pro

- La piattaforma per le traduzioni si occupa di registrazione dati, pagamenti e tasse.
- La piattaforma per le traduzioni può intervenire per vostro contro se ci sono dei problemi legati al contratto come la consegna in ritardo o la non esecuzione.
- I contratti di lavoro su commissione proteggono i diritti della vostra proprietà intellettuale.
- Una volta scaduto il termine, ottenete tutte le successive royalty e potete sfruttare i vostri diritti intellettuali.
- Molto vantaggioso economicamente e a basso rischio.

Contro

- La piattaforma per le traduzioni prende una percentuale del fatturato netto, lasciando meno denaro da dividere tra voi e il traduttore.
- Non potete sfruttare i vostri diritti sussidiari, come audiolibri basati sulla traduzione, fino a che non sia scaduto il termine del contratto.
- C'è un intermediario tra voi e il libro pubblicato, e questo limita la vostra abilità di stabilire i prezzi e le categorie, e usare programmi di pubblicità specifici per le piattaforme per promuovere direttamente i vostri libri su qualche piattaforma di vendita.

Le piattaforme nello specifico saranno discusse nel prossimo capitolo.

Ibrido di tariffa fissa + divisione delle royalty

Una tariffa fissa più la divisione delle royalty potrebbe essere un compromesso efficace. Fornisce al vostro traduttore una qualche certezza con un importo di base garantito più un incentivo aggiunto se il libro vende bene. Incoraggia il traduttore a promuovere e vendere il libro per guadagnare ancora di più. Se volete un traduttore che vi aiuti nella promozione, assicuratevi di includere le specifiche nel contratto con chiari risultati attesi, come tradurre pagine di vendita, postare articoli, ecc.

Un accordo ibrido come questo può anche tenere le cose in carreggiata dato che il contraente non verrà pagato fino a che non fornirà il libro tradotto. Di solito la rata anticipata sarà almeno metà di quello che sarebbe in un accordo a tariffa fissa, anche se può variare a seconda di cosa concorderete con il vostro traduttore.

Questo accordo ibrido può essere più complicato per voi, l'autore, perché ha tutte le complessità della divisione delle royalty in termini di registrazione dei dati, senza tanto beneficio per voi. Un vantaggio è che potrebbe attrarre traduttori più esperti e validi.

Una variante di questo accordo è un'opzione offerta da una piattaforma per le traduzioni che funga da terzo. L'autore può incrementare il contratto di divisione delle royalty per il traduttore con una rata unica che viene fornita al completamento della traduzione. Di più riguardo a questa piattaforma nel prossimo capitolo.

Pro

- Potete attirare traduttori con maggiore esperienza con un minore costo anticipato.
- Pagate meno soldi anticipati.
- Fornite al traduttore un maggiore incentivo nel consegnare un prodotto di qualità entro una certa scadenza, dato che il loro incasso è a rischio sia da un punto di vista del tempo che dell'esecuzione (se è una traduzione di scarsa qualità, non venderà).

Contro

- Minor flessibilità di prezzo, come offrire libri gratuiti o sconti senza discussione o accordo da parte del vostro traduttore.
- Registrare costantemente i dati può essere un dispendio di tempo oltre che una noia, dato che dovrete tenere sempre traccia delle vendite per libro, paese, valuta e piattaforma.
- A seconda del paese potrebbero esserci questioni di tasse internazionali come ritenute sui pagamenti, esenzioni o responsabilità di tasse inaspettate.
- Potreste esporvi a perdite dovute alla valuta straniera se venite pagati in una valuta e dovete pagare il traduttore in un'altra.

- A meno che non sia specificato diversamente nel contratto, non potete sfruttare i vostri diritti sussidiari, come gli audiolibri basati sulla traduzione, fino a che il contratto non sarà terminato.
- Potreste non recuperare mai l'investimento iniziale. I prezzi dei libri possono precipitare, i modelli di iscrizione possono cambiare e la concorrenza può aumentare, impedendovi di recuperare i vostri costi.

Vendere i vostri diritti per l'estero

C'è un'ultima opzione, che è vendere i vostri diritti per l'estero. Potete farlo indipendentemente dal fatto che pubblichiate voi stessi o per mezzo di un editore. Alcuni autori preferiscono questa opzione, pensando che le loro traduzioni straniere guadagneranno poco e che il piccolo ritorno economico non valga un grosso investimento di tempo.

Non c'è niente di sbagliato in questo approccio, ma a volte diventa una profezia che si auto avvera. Secondo questa opzione dovete pagare a un agente una percentuale per trovare un editore straniero, e l'editore vorrà avere un profitto. È difficile sapere quanti soldi potreste avere potenzialmente guadagnato una volta presa questa strada. Ma potete vedere come i guadagni possono restringersi velocemente quando ci sono più persone nell'indotto.

Ci sono sempre situazioni dove questo ha senso. Degli esempi sono i mercati che non potete raggiungere direttamente da soli o per mezzo di un intermediario, o dove la cosa porterebbe via troppo tempo o sarebbe costosa.

Le barriere del mercato stanno scendendo sempre più però, quindi tenete a mente questa importante considerazione. Non volete vendere i vostri diritti per decenni e neppure per una vita, solo per scoprire più tardi che ciò che prima era impossibile ora è possibile e facile da fare. Se avete dei dubbi, aspettate e vedete come si sviluppano le cose. Aspettare il risultato è molto più facile che prendere decisioni che non possono essere ribaltate, solo per pentirsene più tardi.

Pro

- Nient'altro per voi da fare da qui in poi, quindi potete passare più tempo a scrivere.
- L'editore ha esperienza con il mercato estero, quindi in teoria almeno potranno commerciare il libro meglio di voi.
- Gli editori locali hanno stabilito dei canali di distribuzione. È più facile per loro mettere in vista il vostro libro tradotto portandolo in librerie e cataloghi.
- Nessun esborso di denaro.

Contro

- Perdete il controllo di quanti soldi facciano i vostri diritti, se ne fanno.
- È improbabile che i diritti vi vengano restituiti, anche se il libro non dovesse vendere.
- Il contratto durerà almeno quanto la vostra vita, quindi non c'è via di ritorno.
- Guadagnerete meno in generale, dato che dovrete dividere ogni utile con il vostro agente, l'editore straniero e qualsiasi altra parte coinvolta.
- Non avrete alcun controllo su copertina, prezzo, categorizzazione, promozione e così via.

Orache avete una panoramica dei potenziali costi di traduzione e dei vari modi per pagarli, probabilmente avete alcune conclusioni preliminari di quale metodo funzioni meglio per voi e i vostri libri. Nel prossimo capitolo daremo un'occhiata a dove trovare traduttori come anche ad alcune delle principali piattaforme per le traduzioni.

5

COME E DOVE COMINCIARE

Dove trovaretraduttoriletterari

Potete trovare dei traduttori in numerosi posti, compresi siti per le traduzioni, siti per freelance o per mezzo di riferimenti ad autori e piattaforme on line designate in modo specifico per le traduzioni. Discuteremo come valutarli in un altro capitolo, ma per ora diamo un'occhiata a dove trovarli.

Guardiamo prima le piattaforme per le traduzioni. Penso che questo sia il modo migliore di iniziare per un principiante. Operano come siti d'incontri letterari dove autori e traduttori si possono conoscere. In parole semplici, un traduttore sceglie uno dei vostri libri da tradurre e vi fa un'offerta, o voi scegliete un traduttore e gli chiedete se è interessato a tradurre il vostro libro. In cambio dividete gli incassi con il traduttore e anche con la piattaforma per la durata dell'accordo, che è solitamente di cinque anni.

Piattaforme per le traduzioni

I siti che fungono da piattaforma per le traduzioni forniscono tutte le funzionalità amministrative, incluse la pubblicazione e la distribuzione, una fonte per trovare traduttori, contratti e risoluzione di dispute, tracciabilità delle vendite e dei pagamenti.

Le royalty nette ricevute vengono poi divise tra autore, traduttore e la piattaforma stessa.

Questo è il modo più semplice di iniziare le traduzioni, ma il lato negativo è che dovete rinunciare ad alcuni dei vostri introiti e potreste anche perdere parte del controllo nella prezzature del prodotto e nella sua distribuzione, categorizzazione e opportunità promozionali.

La parte matematica è facile: se vi aspettate di pagare la piattaforma più soldi di quanto paghereste un traduttore, allora trattare direttamente con un traduttore è l'opzione che fa per voi. La decisione del prezzo è la questione più grossa per me, dato che la maggior parte delle piattaforme non permette una prezzatura regionale. Almeno non ancora. Questo è un grosso svantaggio, dato che voglio che il mio libro spagnolo abbia un prezzo più basso per il mercato messicano e uno più alto per quello statunitense e quello spagnolo.

Il prezzo influisce anche sulla promozione, dato che molti rivenditori come Kobo e Apple vogliono che i prezzi terminino con 0,99. I merchandiser di questi negozi mi hanno detto che non considerano i libri per opportunità promozionali o di merchandising se il prezzo di listino finisce con 0,74 o qualcosa di diverso da 0,99.

Attualmente le principali piattaforme di vendita hanno solo un capo per un prezzo di vendita in dollari americani. I prezzi nei mercati diversi dagli Stati Uniti sono semplicemente il prezzo statunitense moltiplicato per il tasso di cambio della valuta straniera, quindi è inevitabile avere dei prezzi strani che finiscono un modo diverso da 0,99. Si spera che le piattaforme per le traduzioni aggiungano un sistema di prezzatura che segua le zone geografiche in modo da poter gestire questa lacuna. Fino ad allora la cosa può influenzare la possibilità di avere visibilità, oltre alle potenziali vendite in molti mercati.

Un altro svantaggio è la categorizzazione. Ogni venditore ha delle categorie leggermente diverse, e io voglio che i miei libri siano nella categoria più adatta con la minore quantità di concorrenza per massimizzare la possibilità di essere trovato. Anche scegliere le migliori categorie per il più grosso canale di vendita non garantisce che saremo effettivamente inseriti in quella categoria per quando avremo raggiunto i vari rivenditori. Trovo che i libri vadano spesso a finire in grosse categorie generali come "mistero", piuttosto che nella sottocategoria etichettata da me scelta.

Le maggiori piattaforme per le traduzioni oggi disponibili includono:

Babelcube.com – negli Stati Uniti

Fiberead.com – in Cina

TraduzioneLibri –in Italia

Operano tutte secondo lo stesso modello di divisione delle royalty, dove l'autore non paga nulla di anticipato ma cede una porzione delle royalty fino al termine del contratto.

Babelcube

Babelcube.comè la più avviata tra le piattaforme per le traduzioni con divisione delle royalty e quella con la quale raccomando di iniziare. La piattaforma è ben progettata e facile da usare. Il termine di esclusività è cinque anni, dopo i quali siete liberi di pubblicare direttamente ed esercitare qualsiasi diritto derivato come creare audio libri che siano basati sulla traduzione.

Le royalty sono divise tra traduttore, autore e Babelcube con percentuali che variano man mano che si raggiungono delle soglie di vendita. L'iniziale soglia delle vendite favorisce il traduttore e le percentuali più alte passano all'autore man mano che si raggiungono maggiori vendite.

Caricate prima le vostre copertine e fascette pubblicitarie e poi cercate traduttori in un numero di lingue scegliendo certi criteri e aggiungendo il vostro con i termini di ricerca. Anche i traduttori possono cercare autori in modo simili e scegliere uno dei vostri libri da tradurre. Poi vi fanno un'offerta fornendovi una traduzione campione in modo che possiate valutarla.

Raccomando di cercare attivamente dei traduttori piuttosto che aspettare che uno di loro vi faccia un'offerta. Molti dei migliori traduttori sono prenotati per sei mesi all'anno o più, quindi potete mettervi almeno in lista d'attesa se sono interessati a tradurre i vostri libri.

Vi è permesso fare un'offerta al giorno per ogni libro, e ci possono volere dei giorni o anche dei mesi perché i traduttori rispondano! Per questo motivo vi raccomando di usare un tabulato con caselle per ogni lingua per tenere traccia di chi avete contattato e in quale data. Si può creare confusione se avete molti libri, dato che l'unico altro modo è di scorrere tutti i vostri messaggi sulla piattaforma, e i messaggi non sono divisi per lingua.

Io ho sviluppato la strategia di dare priorità alle lingue che volevo tradotte per prime e poi fare una lista di tutti i traduttori che combaciavano con i miei criteri. Se avete una serie e volete che un singolo traduttore faccia la serie intera, ricordate che ogni libro può richiedere sei mesi o più per essere tradotto. Se già avete aspettato sei mesi per lavorare con lui, si tratta di un anno di attesa per avere il primo libro.

I traduttori su Babelcube coprono la gamma da traduttori con esperienza letteraria e con tanto di lauree specialistiche e neo laureati che cercano di farsi esperienza, disoccupati e pensionati bilingue che tentano qualcosa di nuovo, e tutto il resto.

Ci sono dei traduttori eccellenti su Babelcube, ma c'è anche un sacco di gente senza esperienza in assoluto nel campo delle traduzioni. È un investimento per cui vale la pena di spendere del tempo controllando con cura l'esperienza e disponibilità di un traduttore prima di impegnarsi a lavorare con lui. Altre informazioni al riguardo in uno dei capitoli successivi.

A tutt'oggi le lingue offerte su Babelcube includono le seguenti:

Afrikaans

Danese

Inglese

Francese

Tedesco

Italiano

Giapponese

Norvegese

Portoghese

Spagnolo

Babelcube dice di offrire solo lingue in cui ci sia un buon numero di traduttori e adeguata domanda da parte degli autori. Ho trovato la cosa vera nella maggioranza dei casi. Ad ogni modo ci sono pochissimi traduttori per giapponese e norvegese, e pochi se non inesistenti canali di distribuzione che portino ai negozi giapponesi o norvegesi. Ci sono alcune altre lingue che vorrei vedere aggiunte, ma ancora non sono presenti.

La piattaforma in sé è facile da usare e ragionevolmente ben progettata. Gli aspetti meno soddisfacente sono il servizio clienti e la rapidità di pubblicazione. Le domande spesso non ottengono risposta, il che può diventare incredibilmente frustrante se avete un problema.

Babelcube pare soffrire dolori sempre maggiori, dato che ha

solo pochi addetti che hanno troppe cose da fare. A volte ci sono anche delle problematiche tecniche. I messaggi tra autori e traduttori a volte non vengono consegnati. La pubblicazione può richiedere molto tempo e ci possono essere significativi ritardi senza alcuna spiegazione. Un e-book per esempio potrebbe essere pubblicato su Apple ma non su Amazon se non settimane o addirittura mesi dopo. Almeno così andavano le cose fino alla fine del 2016. Ho capito che la piattaforma aveva un problema tecnico, quindi spero che sia stato risolto permanentemente. Come potete immaginare, questo può creare grosse difficoltà nella promozione di una nuova uscita.

Tanto gli autori quanto i traduttori si lamentano del livello del servizio di Babelcube, che di certo ha bisogno di migliorare se vogliono restare competitivi mentre nuove piattaforme di traduzione stanno accedendo al mercato. La loro piattaforma è ben progettata, ma scarsamente implementata. Se eseguissero delle migliorie alla parte esecutiva sarebbe fantastico.

Per quanto riguarda la traduzione stessa, potete scegliere di lavorare con un unico traduttore o con una squadra di due traduttori. Raccomando l'utilizzo della "squadra di traduttori" quando sia possibile. Consiste in un traduttore principale e un secondo che esegue la revisione. Questo non solo riduce al minimo gli errori, ma aumenta le probabilità che la traduzione resti in carreggiata.

Se un traduttore non ha indicato nel suo profilo che lavora in una squadra, gli chiedo sempre se lo farebbe. Questo significa che dovrà dividere una porzione dei suoi pagamenti con il secondo traduttore, ma la cosa andrà a beneficio di entrambi. Il primo finirà la traduzione più rapidamente e una seconda persona farà la parte della correzione. Il vostro libro sarà più rifinito.

Babelcube opera basandosi sulla divisione delle royalty. Le royalty sono disposte su una scala che vede il traduttore guadagnare il 55% del fatturato netto per i primi 2.000 dollari, calando al 10% del fatturato netto per vendite oltre gli 8.000 dollari. La quota dell'autore è di 30% per i primi 2.000 dollari ma sale al 75% oltre gli 8.000 fino al termine di 5 anni. Potete vedere una tabella a questo link: http://www.babelcube.com/faq/revenue-share

Una cosa da notare è che i traduttori sembrano preferire storie brevi per il livello di royalty. Quello che non capiscono è che le storie brevi non vendono assolutamente quanto opere più lunghe come i romanzi, quindi non gioca a loro favore quanto loro pensano.

Come funziona

- Gli autori caricano i loro libri sulla piattaforma Babelcube
- Gli autori possono cercare traduttori e i traduttori possono cercare libri da tradurre.
- I traduttori fanno "un'offerta" per tradurre un libro contattando l'autore e fornendo un breve campione in un certo lasco di tempo.
- Una volta che l'autore ha accettato la traduzione campione, viene fornito un campione più ampio e poi si arriva al contratto standard per la divisione delle royalty.
- I traduttori possono lavorare da soli o con un altro traduttore che funga da correttore bozze e revisore.
- Gli autori vengono pagati tramite PayPal (l'unico metodo di pagamento al momento).

Fiberead

Fiberead.com è una piattaforma per traduzioni cinese che traduce in cinese semplificato e in cinese tradizionale offrendo all'autore il 30% netto delle royalty. Progettano di offrire altre lingue in futuro. Fiberead rappresenta una significativa opportunità per gli autori indipendenti per far arrivare i loro libri sulle maggiori piattaforme in Cina. Ad ogni modo ci sono anche dei seri aspetti negativi, quindi procedete con cautela.

La cosa vantaggiosa è che Fiberead è meno fai-da-te di Babelcube. Opera più come un editore per cui caricate i vostri libri e tutto il resto viene gestito dal responsabile di progetto di Fiberead. La traduzione, revisione e correzione vengono assegnate a una squadra di traduttori. Aspettatevi un sacco di domande da parte dei vostri traduttori riguardo al testo dato che ogni traduttore, revisore e correttore avranno le loro domande da porre.

Ho fatto diverse traduzioni con Fiberead e il processo sembra accurato, con una piattaforma ben progettata e implementata. Fiberead si prende anche cura della pubblicazione, distribuzione e dei prezzi. L'autore non fa nient'altro una volta che il libro viene caricato sul sito.

Fiberead ha anche dei buonissimi canali di distribuzione verso tutti i maggiori negozi cinesi, negozi in cui è difficile o impossibile accedere se ci si trova fuori dalla Cina. Ad ogni modo ci sono delle problematiche che ho con Fiberead in quanto società. Fiberead ha recentemente cambiato alcuni dei suoi termini contrattuali, e alcune delle clausole che hanno aggiunto sono piuttosto svantaggiose per l'autore. I miei libri sono stati pubblicati secondo una precedente versione del contratto, prima di queste modifiche. Non intendo tradurre altri libri con Fiberead a meno che non cambino l'attuale contratto.

Vi consiglio di leggere attentamente il contratto e di non procedere a meno che non comprendiate pienamente la lingua del contratto. In particolare notate la clausola sui diritti derivati, che assegna i vostri diritti a Fiberead. Il contratto permette loro di sviluppare ulteriori forme di proprietà intellettuale derivata dalla vostra storia. In altre parole è un furto di diritti.

Secondo questa clausola essenzialmente garantite loro il

permesso di vendere film, giochi e altri diritti senza alcun ulteriore input o approvazione da parte vostra. Alcuni autori sono pienamente consapevoli di questa clausola ma ragionano sul fatto che non sarebbero mai in grado di monetizzare questi diritti in altro modo. Ma non si sa mai cosa potrebbe succedere domani, e ci potrebbero di certo essere altri editori cinesi desiderosi di offrirvi condizioni migliori.

Se il vostro libro non è famoso, probabilmente non avete perso niente, ma se le vendite iniziano a salire, desidererete aver tenuto per voi quei diritti per poterli esercitare più tardi. La Cina è un mercato enorme dove di certo non vorrete fare un errore.

Altre clausole Fiberead dicono che l'autore deve pagare le spese per la versione cartacea, una cosa che pare abbiano ritirato dopo qualche critica. Chiedere all'autore di pagare le spese di stampa quando ha già ceduto il 70 percento dell'introito netto a Fiberead e ai suoi traduttori è ingiusto. Di certo i loro termini non sono competitivi rispetto ad altre piattaforme per le traduzioni, ma forse è perché non hanno al momento nessuna reale concorrenza.

E, tristemente, molti autori firmano il contratto senza leggerlo.

Ultimo ma non meno importante, Fiberead si rifiuta di dare all'autore una copia della sua opera tradotta in versione ePub o in qualsiasi altro formato, dicendo che non distribuiscono copie per evitare la pirateria. Per me non ha senso che un autore possa piratare i suoi stessi prodotti, e fornire una copia è normale pratica d'affari. Molti autori si sono lamentati con Fiberead su questo punto, ma senza risultato.

Credo che più concorrenza e migliori termini per le traduzioni cinesi emergeranno nel prossimo futuro. Nel frattempo suggerisco di evitare qualsiasi traduzione con Fiberead fino a che non sistemerà i termini del suo contratto facendoli diventare più commercialmente accettabili.

Come funziona

- Gli autori caricano i loro libri sulla piattaforma Fiberead.
- Ogni libro viene assegnato a un responsabile di progetto che supervisiona l'intero processo di traduzione e pubblicazione.
- I traduttori fanno offerte sui libri, vengono valutati secondo una traduzione campione e se hanno successo lavorano in una squadra costituita da traduttori, revisori e correttori.
- Fiberead fa tutto, dalla scelta dei traduttori, alla pubblicazione e alla scelta di prezzi e categorie.
- Gli autori vengono pagati tramite PayPal (l'unico metodo di pagamento al momento).

Traduzione Libri

Traduzionelibri.itè una piattaforma nuova di zecca basata sulla divisione delle royalty ed è gestita da una compagnia italiana che si chiama Tektime. Su questa piattaforma ci sono a disposizione lingue come polacco e arabo, che non sono ancora presenti su Babelcube. Questa è un'ottima notizia, fino a che non vi rendete conto che molte delle lingue offerte non hanno canali di distribuzione in quella lingua. Dato che non potete distribuire o caricare la traduzione da nessun'altra parte per tutto il termine del contratto, si tratta, almeno per il momento, di un grosso ostacolo. Spero che questo limite sarà risolto presto, ma al momento è difficile vedere una rapida crescita delle vendite.

La piattaforma offre ai traduttori una porzione di royalty più grande all'inizio, rispetto a Babelcube, quindi potrebbe essere più facile ottenere dei traduttori utilizzando questo modello, dato che i potenziali guadagni per loro sono migliori.

La piattaforma opera esattamente come Babelcube, incluso la durata del contratto di cinque anni.

Ad ogni modo la piattaforma è molto nuova e messa poco alla prova, dato che ha solo pochi mesi di vita al tempo di questo scritto. Il sito è in italiano con una traduzione in inglese (vedi il fondo della pagina web) e anche se è funzionale, è ovvio che stanno ancora lavorando ad alcuni intoppi della rete. Se si potranno trovare canali di distribuzione per tutte le lingue che offre, allora diverrà un vero avversario di Babelcube.

Al momento di questo scritto le lingue offerte su TraduzioneLibri includono le seguenti:

Esperanto

Afrikaans

Malese

Norvegese

Polacco

Rumeno

Russo

Arabo

Sinhala

Slovacco

Svedese

Thai

Turco

Spagnolo

Albanese

Macedone

Serbo

Croato

Burmese

Ungherese

Francese

Bulgaro

Tedesco

Ceco

Danese

Italiano

Olandese

Estone

Finlandese

Portoghese

Greco

Giapponese

Islandese

Indonesiano

Cinese

Non ho la più pallida idea di come e dove potrei commercializzare una traduzione in Esperanto, ma non si sa mai quando i mercati possono decollare.

Come funziona

- Gli autori caricano i loro libri sulla piattaforma Traduzione Libri
- I traduttori fanno delle offerte per i vostri libri e forniscono una traduzione campione perché possiate valutarla.
- Gli autori possono aggiungere alla percentuale di royalty anche una tariffa fissa opzionale da pagarsi alla consegna della traduzione.

Altri siti per traduttori

Se decidete che le piattaforme a condivisione delle royalty non fanno per voi e che preferite piuttosto trattare direttamente con i traduttori, ci sono un sacco di posti dove trovarne. È raro ma non impossibile che troviate un traduttore propenso a un accordo basato sulla divisione delle royalty.

Ecco alcuni siti comuni per trovare un traduttore:

Siti specifici per traduttori

Proz.com

Questo sito è specifico per traduzioni letterarie e non. È la più grande rete globale per traduttori, e la maggior parte dei traduttori con una formazione formale e/o esperienza professionale hanno probabilmente un profilo qui. Potete postare un lavoro di traduzione o cercare dei traduttori da contattare. Potete anche osservare un traduttore per controllare la sua esperienza e le sue tariffe con i precedenti clienti. Potreste anche voler cercare traduttori usando i vostri specifici criteri di ricerca all'inizio, dato che potete trovare qui i loro siti e le informazioni per contattarli. È un bel posto per ottenere un senso delle attuali tariffe per ogni particolare lingua. Vi aiuterò a sviluppare dei criteri di valutazione dei traduttori in un capitolo successivo. Per ora diamo solo un'occhiata ai siti e a ciò che offrono.

Translator's Café è un altro sito simile a Proz.

Siti generici per freelance

Potete anche trovare traduttori attraverso dei siti per freelance come Upwork (precedentemente Elance), anche se dovreste essere coscienti che il sito di solito trattiene una parte significativa del compenso totale. Questo significa che i traduttori devono aumentare i loro prezzi per coprire la trattenuta, o lavorare per un compenso minore. I migliori traduttori con un portfolio di lavoro di solito non lavorano per un compenso minore, quindi in alcuni casi sarà meglio contrattare direttamente con loro.

Questi siti utilizzano dei sistemi di classificazione sia degli acquirenti che dei venditori, che quindi sono allo stesso modo incentivati ad agire come buoni partner d'affari.

Alcuni dei vantaggi del passare attraverso un sito per freelance sono simili a quelli delle piattaforme con divisione delle royalty. Avete un terzo che gestisce i pagamenti o le dispute. Se qualcosa va storto, il traduttore ha sempre un legittimo interesse nella consegna concordata se vuole un buon punteggio e continuare a lavorare sul sito.

Un altro sito che non ho provato ma che viene usato da alcuni autori è Fiverr. Non lo raccomanderei dato che l'intero presupposto del sito sono piccoli lavoretti da cinque dollari. Qui sarà difficile trovare molti traduttori professionalmente qualificati. Forse nessuno. La traduzione su questo sito è più indirizzata verso compiti come tradurre lettere, non qualcosa di complesso come un romanzo.

Ho anche sentito di autori che trovano traduttori su Craiglist, spesso a tariffe molto vantaggiose. Anche se non metto in discussione questo sito come posto per trovare freelance di ogni genere, sono molto più a mio agio a cercare traduttori nei posti specializzati dove essi tendono a presentarsi.

Referenze e raccomandazioni

Potete trovare traduttori anche per mezzo di referenze e raccomandazioni da parte di altri autori. Tenete semplicemente a mente che ognuno ha standard diversi, quindi l'ottimo giudizio di qualcuno potrebbe non essere dello stesso standard del vostro. Ricordate anche che molte persone eviteranno di darvi delle cattive referenze perché anche se non sono soddisfatti certo non vorranno ostacolare future possibilità di lavoro per il traduttore, o non vorranno che le referenze negative possano essere fatte risalire a loro.

Non importa quanto buone sono le referenze, ma siate certi di ottenere un campione del lavoro del traduttore e di farlo valutare, preferibilmente da un altro traduttore professionista. Fatelo valutare almeno da un madrelingua a cui piace leggere il vostro genere e che vive o ha recentemente vissuto nello stesso paese della lingua di destinazione.

Contratto diretto con il traduttore

Se trovate davvero un traduttore letterario bravo che si propone con buone raccomandazioni e ottime referenze da parte di altri autori, probabilmente vorrete trattare direttamente con lui. O magari avete già fatto una traduzione con lui su Babelcube o su un'altra piattaforma e decidete di lavorare direttamente con lui per la prossima traduzione. Ho seguito molte volte quest'ultima opzione. È molto comune iniziare su una piattaforma e man mano che vi trovate bene tra di voi decidere di comune accordo di lavorare direttamente fuori dalla piattaforma per il progetto successivo.

Se trattate direttamente, dovete tenere a mente i seguenti punti:

- Un contratto con termini simili che specifichi tutti i dettagli, inclusa la giurisdizione legale del contratto, chi possiede i diritti (un "lavoro su commissione" nel legalese del paese del contratto), condizioni di pagamento e dati chiave (vedete i contratti di traduzione sui siti delle piattaforme per traduzioni, per esempio)
- Qualsiasi problematica connessa a tasse (pagamenti, trattenute, presentazioni e così via) viene indirizzata tanto al vostro paese quanto a quello del traduttore

Tariffe, pagamenti e tempistiche

Potete decidere di pagare una tariffa fissa, solo royalty o una combinazione delle due. Dato che la tenuta delle registrazioni può diventare rapidamente onerosa se pagate royalty a numerosi traduttori, fate in modo che la frequenza dei pagamenti non sia più che trimestrale.

Assicuratevi anche che il vostro contratto specifichi una

data di pagamento che avvenga *dopo* che avete ricevuto i vostri soldi. Per esempio, pagare un traduttore 30 giorni dopo la data di vendita non sarebbe ideale perché Amazon vi paga 60 giorni dopo la fine del mese in cui si sono verificate le vendite. Vi trovereste a pagare il traduttore con denaro che non avete effettivamente ancora ricevuto. Inoltre qualsiasi tariffa per la transazione sarà probabilmente più alta quando avete pagamenti frequenti rispetto a pochi pagamenti più ingenti.

Se decidete di pagare una quota fissa o un costo per parola, le tariffe variano molto, quindi controllate le tariffe citate confrontandole con il mercato corrente per la lingua in questione, dato che la tariffa del traduttore dipende dalla lingua e dalla domanda/offerta per il servizi di traduzione in quel mercato, dall'esperienza del traduttore e dai generali livelli di salario in quel paese. Potete farvi un'idea sulle tariffe su Proz.com.

I traduttori generalmente applicano una tariffa per parola, da un costo minimo di 0,02 dollari a parola fino a 0,15 dollari o più. Per un romanzo di 80.000 parole questo porta a un pagamento che va da 1.600 a 12.000 dollari a libro. Si tratta di una gamma piuttosto ampia e di un investimento piuttosto significativo, ecco perché raccomando non solo di controllare le tariffe del mercato, ma anche di tentare prima di tutto l'opzione di divisione delle royalty, in modo da farvi un'idea di come funzionino le cose.

Anche se ho iniziato con gli accordi basati sulla divisione delle royalty, molte delle mie traduzioni sono state eseguite su una base a tariffa fissa. La cosa dipende veramente da diversi fattori. Se c'è un'alta domanda di traduttori letterari in una data lingua, potrebbero avere un sacco di lavoro su una base per parola e potrebbero non essere propensi a lavorare per una divisione delle royalty.

La mia preferenza è di concordare la divisione delle royalty direttamente con il traduttore. Questo ci lascia più soldi da dividerci e mi fornisce un maggiore controllo sul libro in termini di prezzatura e altre cose. Incentiva anche il traduttore ad aiutarmi con qualsiasi cosa sia necessaria per fare del libro un successo. Non deve fare molto, ma è molto più facile chiedere a un traduttore di aiutarvi traducendo alcune pagine di marketing quando avete ancora una relazione in corso tramite i pagamenti delle royalty.

State però attenti che un accordo diretto può avere dei significativi intoppi. Se il traduttore non consegna, o consegna un prodotto di scarsa qualità, avete minori opzioni. Un altro aspetto negativo è la quantità di registrazioni e burocrazia da tenere. Dovrete registrare e rimettere royalty a ogni traduttore, il che può rapidamente diventare un sacco di lavoro se vi state avvalendo di molti traduttori.

Infine, un motivo spesso trascurato per considerare un accordo diretto è se volete piazzare il libro in programma esclusivo di Amazon, KDP Select. Non potete farlo con una traduzione su Babelcube o qualsiasi altra piattaforma, dato che il vostro libro viene automaticamente distribuito a decine di negozi oltre ad Amazon, e non c'è modo di escluderne.

Qualsiasi metodo di pagamento concordiate, la mia raccomandazione è di iniziare in piccolo e far fare un libro o un racconto breve prima di lanciarvi in una direzione.

6

COSA FA ESATTAMENTE UN TRADUTTORE?

Un bravo traduttore è un ponte tra diversi mondi. Dà forma alle nostre parole in una nuova lingua, traducendo e trasformando la nostra storia in una nuovo linguaggio senza mai perdere il significato originale. Attraverso i miei traduttori – e le loro traduzioni – mi sento globalmente connesso come non mai.

Tradurre da una lingua a un'altra suona come qualcosa che qualsiasi persona bilingue potrebbe fare, no? Non è proprio così. Tradurre un romanzo non è facile come riportare informazioni in un'altra lingua. Un bravo traduttore assorbe tutta la passione di un romanzo e la tensione di un thriller catturando le parole e la voce dell'autore come anche il suo specifico stile di scrittura. In effetti è molto più difficile di quanto sembri. Partono dal vostro libro e lo riscrivono in una lingua nuova, mantenendo intatta la voce, lo stile e l'intento dell'autore. Il lettore del libro tradotto vive la stessa esperienza di lettura di chi lo legge in lingua originale.

Molti dei vostri amici sono sicuramente fluenti nel parlare la vostra lingua madre, ma pochi o nessuno sono in grado di scrivere un libro. In un traduttore letterario dovete cercare sia la capacità linguistica che l'abilità nello scrivere. Il traduttore non ha solo un forte comando su entrambe le lingue, ma capisce anche la letteratura. Solo perché qualcuno capisce quello che intendete dire non garantisce che interpreti e dispensi le vostre parole, la vostra voce e le vostre emozioni nello stesso modo a un pubblico diverso. La traduzione è simile a tante di quelle professioni dove spesso vediamo in superficie un 5% di ciò che una persona fa, e non il restante 95%.

Molti traduttori leggeranno il vostro libro da capo a coda prima di decidere di tradurlo. Una volta assunto l'impegno, faranno diverse bozze. Prima una bozza per avere tutto nero su bianco, così per dire. Dopo aver completato la prima bozza potrebbero prendersi una pausa dalla traduzione e lasciarla riposare un poco. Poi faranno numerose altre bozze prima che il libro sia completo. È un po' come scrivere un romanzo, no?

In effetti è proprio quello che stanno facendo, eccetto che avete già dato loro la trama, i personaggi e il ritmo con cui lavorare. Un bravo traduttore assorbirà la vostra voce e lo stile narrativo. Alcuni traduttori sono così bravi da poter rendere la versione tradotta addirittura migliore del libro originale.

Ci sono premi annuali per traduzioni, incluso il premio Man Booker International, per il miglior libro tradotto. I migliori traduttori sono ricercati e richiedono comprensibilmente delle tariffe alte per i loro lavoro. Questi traduttori vanno probabilmente oltre il nostro budget, ma hanno tutti iniziato da qualche parte. Ci sono un sacco di bravi traduttori letterari a un prezzo ragionevole in questo campo altamente specializzato. Magari uno di loro è un futuro vincitore di Man Booker International in attesa.

Molti traduttori con esperienza non vedono l'ora di approdare alla traduzione letteraria e sono propensi a lavorare a costo più limitato per poter guadagnare esperienza. Un sacco di nuovi traduttori sono probabilmente avidi lettori del vostro genere e compensano la loro esperienza con un intuitivo senso di cosa funzioni per il vostro libro in particolare.

D'altro canto, scegliere il traduttore sbagliato più avere un effetto duraturo sulla vostra carriera di autore. Una pessima traduzione è qualcosa a cui potreste trovarvi legati per sempre, quindi la vostra ricerca è un punto critico. Una traduzione scarsa ha un riflesso su di voi e sul vostro marchio d'autore. È molto difficile sciogliere una situazione del genere, quindi sicuramente vorrete fare un passo sicuro. Un lettore deluso non andrà avanti a leggere altri dei vostri libri. Ancora peggio, potrebbero dire ad altre gente di non farlo.

Per un traduttore ci vuole anche tempo per produrre una traduzione di qualità. Le traduzioni sono costose, e per un ovvio motivo: ci sono un sacco di fatica e tempo spesi sopra. Ad ogni modo ci sono sempre traduttori che cercano di ottenere esperienza nel crescente campo della traduzione letteraria e possono essere flessibili in termini di compenso. Potete trovare accordi che siano reciprocamente vantaggiosi per entrambi.

Comunque vorrete anche sicuramente confrontarvi con il vostro potenziale traduttore riguardo ai potenziali guadagni del vostro libro, soprattutto se progettate di proporre un contratto di divisione delle royalty. Le vendite per unità possono essere fuorvianti, soprattutto se si tratta di download gratuiti o di costi pari a 99 centesimi. Cercate di fornire al traduttore una stima del fatturato nella vostra lingua madre (l'inglese nel mio caso) e lasciate che la usi come punto di partenza per fare un confronto.

Molte persone, inclusi i traduttori, operano sotto la convinzione che i libri che vendono meglio di sicuro venderanno bene anche in altre lingue. Questo sicuramente fa aumentare le probabilità, ma non c'è niente di garantito. Sebbene i libri popolari ottengano buone entrate, non è detto che ciò avvenga in breve tempo. Potete fornire delle ampie valutazioni riguardo alle vostre aspettative, ma siate diretti con il vostro traduttore riguardo a ciò che prevedete in termini di tempistiche e denaro.

E non serve dire che le vendite dipendono dalla qualità della traduzione stessa.

Una volta trovato un bravo traduttore, vorrete stabilire con lui un rapporto a lungo termine e lavorare insieme a lui anche su libri futuri. La cosa importante è assicurarvi che abbiate dei buoni canali di comunicazione con il traduttore. Una qualsiasi mancanza di comunicazione può essere segnale che non tutto procede bene.

Io stesso ho avuto un'esperienza molto negativa con una traduttrice che inizialmente mi ha fornito un campione molto buono. Sono andato avanti e ho firmato un contratto con lei, ma poi lei ha mancato diverse scadenze e alla fine non ha risposto a un sacco di mie email. Quando infine ha risposto, mi ha tirato fuori un sacco di scuse e le cose semplicemente non stavano procedendo. Anche se ho tentato di essere flessibile mi sono sentito a disagio riguardo alla sua mancanza di comunicazione e alla sua evasività.

Non mi preoccupano i piccoli ritardi, perché capisco che la maggior parte dei traduttori hanno un lavoro fisso. A volte le circostanze della vita si mettono in mezzo. La cosa più importante per me è una traduzione di qualità che non sia fatta di fretta. Ma questa traduttrice mi ha depistato, quindi ho iniziato a farmi delle domande sulla traduzione in sé.

Avevo fatto ogni cosa nel modo giusto in termini di controllo della formazione e delle recensioni di altri sul traduttore, e lei aveva addirittura delle referenze da parte di altri autori. Questa traduttrice mi è arrivata con un sacco di raccomandazioni da parte di un altro autore che aveva tradotto numerosi libri con lei, quindi ho cercato di essere comprensivo riguardo alle sue circostanze e giustificazioni.

Ma sono passati dei mesi e le scadenze non sono state rispettate per diverse volte. A pelle sentivo che la traduzione non ci sarebbe stata. Avevo esaurito tutte le mie opzioni, a parte sospendere il contratto. Non volevo farlo, quindi le ho chiesto di mandarmi il testo tradotto fino a quel punto, e dopo diverse scuse e ritardi, alla fine l'ha fatto. Sono rimasto scioccato nello scoprire che aveva usato Google Translate per il resto del libro, una cosa che avrebbe fatto subito guadagnare al testo delle recensioni da una stella, oltre a far infuriare i lettori.

A tutt'oggi non capisco perché si sia comportata così, dato che secondo il nostro patto di divisione delle royalty per cinque anni lei ci avrebbe perso tanto quanto me. Ovviamente io avrei perso di più perché i miei diritti sarebbero stati legati a lei per cinque anni. Non solo avrei perso lettori, ma mi sarebbe stato impossibile pubblicare il mio libro da qualsiasi altra parte fino a che il contratto fosse stato in essere. La mia reputazione in quanto autore in quella lingua sarebbe stata danneggiata e il libro avrebbe ottenuto pessime recensioni. Fortunatamente sono stato capace di annullare con successo il contratto senza dover ricorrere a un'azione legale. Anche se avrei potuto farle causa per non aver rispettato le condizioni, ho preferito investire tempo ed energia altrove, come mettermi a scrivere un altro libro.

Ho imparato una valida lezione con queste cose che vanno storte anche se hai a che fare con qualcuno di fortemente raccomandato, e non è mai una cattiva idea quella di seguire il proprio intuito. Per una qualche ragione la mia traduzione non aveva avuto per me lo stesso livello di qualità prodotto con l'autore che mi aveva consigliato la traduttrice. I risultati passati non sempre sono garanzia di risultati futuri, quindi assicuratevi sempre di fare le vostre personali valutazioni del campione tradotto, indipendentemente dalle migliori raccomandazioni.

Nel prossimo capitolo daremo un'occhiata a come scegliere e valutare un traduttore per assicurarsi di non ripetere il mio stesso errore.

7

COME SCEGLIERE E VALUTARE UN TRADUTTORE

S eguire poche semplici linee guida può rapidamente ridurre le vostre scelte portandovi di fronte alle persone più qualificate, quindi potrete iniziare a tradurre.

La chiave è la comunicazione

Stabilire un buon rapporto con il vostro traduttore è di vitale importanza. Dopotutto la sua interpretazione farà vivere o distruggerà la vostra storia. Oltre alle qualifiche tecniche e allo stile lavorativo vorrete avere una comunicazione aperta e sincera, e stare in linea con la frequenza e la tipologia di comunicazione lungo tutto il processo. Volete qualcuno che si tenga in contatto con voi a cadenza regolare con delle domande o preferite qualcuno che completi l'intero progetto indipendentemente? Non c'è nessuna risposta giusta o sbagliata, ma potete evitare le incomprensioni se fin dall'inizio avete entrambi delle aspettative simili riguardo al processo.

Madrelingua

Come detto prima, i traduttori si riferiscono alla lingua verso
cui traducono come la *lingua di destinazione*. Il vostro libro originale è considerato la *lingua d'origine*.

Non serve dire che il traduttore dovrebbe avere padronanza
della lingua d'origine. Idealmente il vostro traduttore sarà un
madrelingua nella lingua di destinazione, con pochissime eccezioni. Dovrebbe anche essere residente nel paese della lingua
di destinazione o averci vissuto negli ultimi 5-10 anni. Le lingue
cambiano continuamente, e le frasi e modi di dire diventano di
moda o scadono. Certo non volete che il vostro libro utilizzi
una prosa di vecchio stile perché il traduttore non vive in quel
paese da trent'anni.

State anche attenti a quelli che sostengono di avere padronanza di molte lingue. Anche se possono avere un alto grado di
competenza in molte di esse, ce ne sono probabilmente solo
una o due in cui hanno un livello di conoscenza sufficiente per
una buona traduzione letteraria.

Madrelingua vs. fluenti non madrelingua

Anche se probabilmente conoscete persone che hanno
completa padronanza della vostra lingua, se non sono madrelingua avrete forse notato che potrebbero esserci espressioni
idiomatiche o parole con cui non hanno familiarità o che non
usano comunemente. Non si tratta di un problema nella vita e
nel lavoro di tutti i giorni, ma la letteratura ha spesso delle
sfumature che solo i madrelingua possono cogliere.

Non è per dire che non ci sono traduttori con il tedesco come
seconda lingua che vi forniranno una traduzione eccellente: solo
che sono rari. Generalmente le eccezioni sono costituite da quelli
che sono cresciuti in un contesto familiare e scolastico completa-

mente bilingue. Potete sicuramente gestire la cosa con un non madrelingua, ma dovrete essere estremamente attenti nell'assicurarvi che la loro comprensione della lingua sia di altissimo livello. Dato che io non ho le competenze per fare una tale valutazione, semplicemente mi attengo alla scelta di un madrelingua.

Questo vale in modo particolare per la narrativa. Oltre a tradurre la vostra storia in un'altra lingua, il traduttore deve anche catturare l'essenza e il tono della storia stessa, come anche il ritmo e il genere. Se scrivete romanzi d'amore, vorrete trovare un traduttore che abbia confidenza con il genere. Volete che il traduttore catturi non solo le parole ma anche il viaggio emotivo e la tensione romantica tra i personaggi. Idealmente si dovrebbe trattare di un avido lettore di romanzi d'amore in modo da poter apprezzare la vostra specifica scelta lessicale, il ritmo e il tono, in grado quindi di replicare questi elementi con le sue parole e la struttura della frase. Volete che il traduttore "colga" la vostra storia. Volete che un madrelingua tedesco che sta leggendo la vostra traduzione in tedesco goda di un'esperienza pari a quella di un lettore della vostra lingua con la versione originale.

Qualifiche tecniche

Le qualifiche per i traduttori variano di molto da paese a paese. Alcuni hanno qualifiche standard ed esami, e molti paesi offrono lauree specialistiche in traduzione. Io generalmente cerco una laurea specialistica in traduzione letteraria o un suo equivalente.

La traduzione letteraria è un'arte e richiede lo stesso piglio creativo necessario per scrivere un libro. Penso che per alcuni aspetti possa addirittura essere più difficile, dato che un traduttore deve stare all'interno dei limiti che l'autore ha stabilito, ricreando quel mondo in modo che susciti la stessa emozione e i medesimi sentimenti in una cultura e lingua straniera. Il traduttore è il ponte tra due mondi.

Trovo che le qualifiche siano un buon punto di partenza, ma come ci sono molti tipi di scrittori, ci sono anche molti tipi di traduttori. I traduttori potrebbero specializzarsi in documenti legali, trascrizioni mediche e altri ambiti che non coincidono con il mondo letterario. Ad ogni modo, il traduttore più tecnicamente competente potrebbe non sempre essere il migliore per il vostro romanzo. Quello che vi serve è un equilibrio tra la competenza tecnica e la capacità letteraria. I traduttori che leggono il vostro genere di libri potrebbero essere l'ideale.

La padronanza in più di una lingua non è garanzia che saprà interpretare le vostre parole con lo stesso intento ed emozione. Come ha scoperto un'autrice, il suo romanzo in spagnolo era tecnicamente perfetto, ma gli mancava lo stesso livello di suspense e intensità perché le parole usate dal traduttore non erano proprio quelle che anche lei avrebbe scelto.

Per esempio, "mandò giù l'acqua con un sorso" è diventato "bevve l'acqua", e "scattò lungo il vicolo" si è trasformato in "corse lungo la strada." Anche se la prima traduzione di ogni esempio è tecnicamente corretta, appare di certo meno emozionante. In un thriller questa potrebbe essere la differenza tra leggere il libro tutto d'un fiato, senza staccare gli occhi dalle pagine, e non girarle neanche, le pagine.

È di vitale importanza che il traduttore comprenda le sfumature nelle scelte lessicali, perché sta essenzialmente riscrivendo il vostro libro per un nuovo pubblico.

Ovviamente ci sono sempre delle eccezioni alla regola. Infatti due dei miei migliori traduttori non hanno nessuna delle qualifiche citate sopra. Entrambi sono privi delle formali qualifiche da traduttore, ma sono a loro volta autori. Nessuno scrive libri della tipologia dei miei, ma in quanto scrittori capiscono il mio genere e le sfumature nelle scelte lessicali tipiche di ogni genere. È insolito trovare degli autori completamente bilingue che siano anche traduttori, ma in giro ce ne sono alcuni.

Un altro vantaggio di un autore-scrittore è che si tratta probabilmente di una persona ferrata in social media e connessa al vostro genere, o almeno che se ne intende di mercato librario e opportunità promozionali nella sua lingua e paese. Può essere un importante alleato nel promuovere e vendere la vostra opera. Ne parleremo di più in seguito.

Come valutare

Non parlate o non leggete una sola parola di tedesco, quindi come potreste mai valutare la qualità di una traduzione in tedesco? Fortunatamente ci sono diversi modi semplici per ridurre la lista a pochi traduttori. Il processo di valutazione può richiedere un po' di tempo, ma vale bene lo sforzo per trovare un bravo traduttore. Si spera che svilupperete un rapporto duraturo con il vostro traduttore e lavorerete insieme a molti libri.

La valutazione inizia ancora prima di ricevere un campione dal vostro traduttore. La selezione è di primaria importanza, ed è il motivo per cui mi piace scegliere i miei traduttori piuttosto che aspettare che siano loro a fare delle offerte per tradurre il mio libro. Applicando alcuni criteri di selezione, probabilmente sono capace di escludere il 98% dei traduttori elencati in un sito come Babelcube. Serve un po' di sforzo, ma vale la pena farlo perché ci sono anche alcuni veri gioielli.

Selezione

La biografia del traduttore

Ovunque troviate il vostro traduttore, lui o lei ha probabilmente fornito un breve trafiletto biografico nella lingua d'origine (la mia). Leggo il trafiletto, cerco le qualifiche di cui ho parlato prima, ma cerco anche eventuali criticità in spelling o grammatica.

Se ci sono errori significa che il traduttore non è così fluente nella lingua d'origine o che ha scritto il trafiletto di fretta. Qualsiasi sia il motivo, lo escludo subito perché non voglio trovarmi con lo stesso risultato finale nel mio libro, a causa di mancanza di padronanza della lingua o di attenzione al dettaglio.

Potreste anche notare delle espressioni che riportano una corretta struttura della frase nella lingua di destinazione, ma appaiono un po' 'fuori moda' nella lingua d'origine, che nel mio caso è l'inglese. La frase appare un po' diversa... magari pure affascinante in un altro contesto.

Il mio istinto sarebbe di perdonare queste differenze in inglese, dato che saranno invece corrette nella lingua di destinazione. Ma un traduttore professionista bilingue e fluente sistemerebbe queste idiosincrasie, quindi chiunque non lo faccia dovrebbe farvi esitare. Hanno compreso appieno le sfumature nel testo originale? Ricordate: state solo analizzando un breve trafiletto. Quale probabilità c'è che qualcosa non venga tradotto correttamente in un intero romanzo?

Potrebbe produrre una traduzione magnifica, ma se non è competente al 100% nella lingua d'origine del libro, c'è sempre la possibilità che possa fraintendere o tradurre erroneamente qualcosa. Anche se è una piccola possibilità, io non voglio correre il rischio.

Le credenziali del traduttore

I traduttori di solito lavorano in una o più abbinamenti linguistici e hanno idealmente padronanza nella prima lingua (quella
d'origine) e madrelingua nella seconda (lingua di destinazione). Le lingue d'origine e di destinazione espresse insieme sono
note come combinazione linguistica.

Normalmente un traduttore esprime la sua combinazione
linguistica con delle abbreviazioni. Un traduttore che traduce
dall'inglese (English) al tedesco (Deutsch), si riferirà alla
combinazione come EN-DE, che utilizza i codici linguistici
standard ISO 639-2.

Ci sono anche molti tipi di traduttori. Vorrete usare un
traduttore letterario dove possibile, perché hanno una formazione specializzata nella traduzione come anche in letteratura.
La formazione varia da paese a paese, ma il top è una laurea
specialistica in traduzione letteraria. Se poi ha esperienza lavorando per una casa editrice ancora meglio, perché avrà confidenza con gli standard editoriali e forse avrà anche già tradotto
molti libri.

Alcuni paesi hanno qualifiche per traduttori. Per esempio
in Brasile ABRATES – l'Associazione Brasiliana dei Traduttori
– fornisce una certificazione nazionale al traduttore quando
questi supera un esame di competenza. Negli Stati Uniti il
vostro traduttore potrebbe essere un membro dell'ATA: Associazione Americana dei Traduttori. Questo fornisce la sicurezza
di un certo standard di base nell'abilità tecnica dato che il
traduttore ha superato certi test. È una valutazione di base delle
competenze, quindi usatela come punto di partenza nel vostro
processo di selezione.

Mentre certificazioni ed esperienza non sono garanzia di
una traduzione di qualità, una certa reputazione professioni-
stica significa che il traduttore ha tanto rischio di credibilità

quanto voi. Certo non vorrà che una cattiva recensione rovini la sua reputazione e lo allontani dagli affari.

I traduttori professionisti spesso hanno profili on line in siti come LinkedIn, Facebook e siti di traduttori come Proz.com. Di solito elencano qui le loro certificazioni, possibilmente più nel dettaglio rispetto al profilo Babelcube. Questi siti hanno anche recensioni da parte dei clienti, raccomandazioni e altri dettagli sulla loro storia lavorativa nel campo delle traduzioni.

I traduttori possono anche completare dei quiz su questi siti per traduttori per dimostrare la loro competenza linguistica. Controllate se hanno fatto alcuni di questi test e quale sia stato il punteggio. Controllate anche le persone che hanno lasciato delle recensioni o raccomandazioni per verificare se hanno veramente lavorato per loro o no. In alcuni casi ho visto recensioni di traduttori che erano state scritte da altri traduttori, quindi è una buona idea controllare chi scrive i commenti.

Una mancanza di storico lavorativo non significa che il traduttore non sia qualificato, ma non vi fornisce neanche nessuna verifica indipendente.

È importante che compiate il vostro atto dovuto. L'ultima cosa che volete è sicuramente avere delle scarse recensioni a causa di una pessima traduzione. Il nome che ricorderanno i lettori sarà il vostro, non quello del traduttore. Un'esperienza negativa significa che sarà improbabile che comprino ancora vostri libri.

Esperienza verificabile e risultati

Idealmente sceglierete un traduttore con esperienza che abbia già tradotto libri che abbiano venduto abbastanza da avere delle recensioni. Guardate siti di libri come Amazon, Barnes & Noble, Kobo, Apple e Google Play per cercare libri tradotti dal vostro traduttore. Assicuratevi di guardare il sito nella lingua straniera piuttosto che quello nella vostra lingua. Per un traduttore tedesco, guardate sul negozio Amazon in Germania (Amazon.de) e non su quello americano o italiano, dato che vi sarà più facile trovare delle recensioni lì.

Le recensioni possono essere ingannevoli, quindi bisogna essere un po' critici per valutarle. Una bandiera rossa per me è qualsiasi riferimento alla traduzione nella recensione. Qualsiasi commento che metta in rilievo delle scarse traduzioni è un motivo per fare ulteriori controlli, perché la traduzione dovrebbe essere invisibile per un lettore, senza mai tirarlo fuori dalla storia. Se si tratta di una buona traduzione, il lettore non farà neanche riferimento al fatto che si tratta di un'opera tradotta.

Variazioni regionali

Come detto prima, molte lingue hanno diversi dialetti, e ce ne sono alcuni che di sicuro preferirete riguardo ad altri a seconda della popolarità generale come anche del mercato cui state puntando. Lo spagnolo è un buon esempio.

È così importante che voglio ribadirlo qui. Lo spagnolo che si parla in Spagna è diverso dallo spagnolo che si parla in Messico. Lo spagnolo messicano è diverso dallo spagnolo sudamericano. Alcuni potrebbero dirvi che avete una brutta traduzione, ma potrebbe essere semplicemente dovuto alle variazioni nel dialetto. Magari è ingiusto, ma è la realtà, e di certo non volete che il vostro libro accusi recensioni negative o pessime vendite per questo motivo.

Analizzate i diversi dialetti e decidete su quale/dove concentrarvi. Lo spagnolo parlato e scritto in Spagna è molto diverso dallo spagnolo in America Latina, per esempio. Ci sono addirittura differenze tra lo spagnolo latino americano e quello messicano. È importantissimo che scegliate il traduttore appropriato per il giusto mercato.

Lo spagnolo europeo sarà accettato più ampiamente di

quello latino americano piuttosto che il contrario. Non è che le differenze siano incomprensibili, ma quando qualcosa è scritto in modo diverso rispetto al proprio dialetto, la cosa può distogliervi dalla storia. E di tanto in tanto ci possono essere parole conosciute in una regione e non in un'altra. Ci sono molte parole britanniche non utilizzate dagli americani, per esempio.

Se siete uno scrittore best seller nel mondo, allora potete produrre numerose traduzioni per indirizzarvi verso queste differenze nel dialetto. Altrimenti dovete trovare in qualche modo un compromesso e prendere una decisione consapevole per mirare a un dialetto linguistico rispetto a un altro.

In spagnolo per esempio preferisco usare una traduzione in quello europeo piuttosto che in quello messicano. Un bravo traduttore spagnolo cercherà di minimizzare le differenze per produrre una traduzione in spagnolo 'neutro', ma ci saranno sempre opzioni nella scelta delle parole che richiederanno di decidere in un senso o in un altro. La traduzione non sarà ideale per tutti i mercati, ma sarà gradita ai più e resterà pur sempre accettabile per la maggior parte dei lettori negli altri dialetti.

Certo non è pratico avere una traduzione per ogni dialetto, quindi scegliete quello dominante. Questa scelta non si basa sempre sugli stessi criteri, quindi chiedete un aiuto a qualche madrelingua. Spesso si tratta della terra madre, ma non sempre.

Per il portoghese è un po' diverso. Io ho scelto di tradurre in portoghese brasiliano perché rappresenta un mercato enorme confronto al portoghese europeo. Sono cosciente che questa scelta probabilmente alienerà alcuni lettori portoghesi europei, ma ho scelto di concentrarmi su quello che credo sia il mercato più redditizio tra i due.

Ho anche scelto di usare il francese europeo, sapendo che la mia scelta non attrarrà i lettori franco-canadesi (che di per sé costituiscono un mercato ragguardevole). So anche che ogni mercato ha delle considerazioni socio-economiche da soppesare, e le mie decisioni presentano dei compromessi.

Altri autori potrebbero decidere diversamente basandosi sui mercati da loro mirati e su previsioni riguardo al futuro, quindi anche se le mi affermazioni valgono per i miei libri, potrebbero non costituire l'approccio corretto per voi.

Valutare le recensioni dei libri tradotti

Anche le buone recensioni di una traduzione possono essere problematiche. Come con qualsiasi libro, a volte le recensioni vengono scritte da amici o familiari del traduttore, che stanno cercando di aiutare il libro a prendere piede e decollare. Spesso citano dati come un'ottima traduzione. La maggior parte dei lettori non pensa mai alla traduzione, quindi qualsiasi recensione che sottolinei quanto ben fatta sia la traduzione dovrebbe essere ignorata.

Presenza on line

Vorrete anche cercare informazioni sul traduttore per vedere che genere di presenza on line abbia. Una presenza professionale come un sito web è un buon segno e può anche fornire ulteriori informazioni sulle aree di specializzazione e le tariffe.

È anche bene controllare le varie associazioni nazionali di traduttori come l'Associazione Americana dei Traduttori (ATA) per vedere se il vostro traduttore sia un membro. L'appartenenza a un'associazione non è una misura di qualità, ma indica un certo standard minimo. Alcuni dei siti come Proz.com hanno anche delle classifiche dei traduttori basate sulla competenza linguistica verificata tramite numerosi test offerti da loro. Seguire questi passi dovrebbe restringere considerevolmente la vostra ricerca.

Valutare una traduzione campione

La maggior parte delle piattaforme per traduzioni operano in modo simile. Il traduttore fornisce all'autore un breve campione. Se l'autore l'accetta, il traduttore allora produce un campione più lungo, di solito 10 pagine. Non devono essere le prime 10 pagine del libro, e alcuni autori forniranno un campione di 10 pagine preso dal centro del testo, dove ci siano particolari termini o frasi che potrebbero essere difficili o suggerire molte variabili.

Una volta ottenuto il campione, trovate un lettore che sia un madrelingua nella lingua di destinazione. Idealmente si tratta di un lettore o scrittore del vostro genere che possa quindi valutare se la traduzione si legge e scorre bene, e confermare che è ben scritta di per sé e fedele al vostro tono e stile originali.

Questo può essere in un certo senso fuorviante, perché come fate a sapere per certo che il valutatore è qualificato per giudicare se la traduzione sia un lavoro di qualità o no? Se il valutatore è anche un traduttore letterario con buone recensioni e un sacco di esperienza, allora potete stare alla sua parola.

Ma dato che state solo iniziando, probabilmente non conoscete altri traduttori letterari. Un buon posto dove trovare dei valutatori sono i grossi forum di autori, o qualsiasi altro posto dove si trovino degli autori. È possibile che ci siano degli autori multilingua che conoscono la stessa combinazione di lingue. Possono valutare grammatica, scelta lessicale, la qualità generale del campione di traduzione e se questo sia fedele o no alla versione originale.

Potete trovare un secondo traduttore che valuti il campione anche su siti come Proz o Upwork. Assicuratevi solo che il vostro valutatore abbia almeno lo stesso livello di esperienza del vostro potenziale traduttore. Questo è un po' un circolo vizioso se non conoscete la lingua. Ecco perché è così importante verificare le credenziali del traduttore come prova oggettiva della sua competenza.

Se chiedete a un amico di valutare il vostro campione, procedete con cautela se la lingua di destinazione non è la sua madrelingua o se non vive in quel paese da lungo tempo. A meno che non legga regolarmente nella lingua di destinazione e libri di quel genere, la sua valutazione potrebbe fuorviarvi.

Se possibile, tentate di raccogliere diverse opinioni sulla qualità della traduzione. Siate specifici riguardo a quello che state chiedendo loro di guardare. Volete assicurarvi che la traduzione non sia solo rigorosa, ma piuttosto qualcosa che catturi il tono e le emozioni del testo originale. Il vostro libro è una forma di intrattenimento, quindi mentre trasmette il significato deve anche riprodurre la passione del vostro romanzo d'amore o il batticuore terrorizzato del vostro romanzo dell'orrore.

Potete trascurare i minimi errori tipografici fino a un certo limite se avete scelto una squadra di traduttori, dato che il libro finale verrà revisionato dal secondo traduttore. D'altro canto, un traduttore che vi fornisce un campione del suo lavoro senza averlo revisionato attentamente dovrebbe essere motivo di preoccupazione. Volete un traduttore che metta lo stesso livello di accuratezza e attenzione nel suo lavoro tanto quanto voi, perché la vostra reputazione dipende da questo.

Tutti questi passaggi di selezione richiedono tempo, ma ne vale davvero la pena. Se alla fine vi ritrovate con una brutta traduzione perché non avete fatto selezione, le implicazioni possono essere significative e permanenti.

Se avete pagato una tariffa fissa per la traduzione, allora avete perso soldi. Ma se scegliete la divisione delle royalty e accettate la traduzione, allora siete obbligati a pubblicarla sotto il vostro nome e marchio d'autore. Siete anche vincolati a un contratto di diversi anni con il traduttore originale per la durata del contratto e non potete pubblicare e/o rifare la traduzione con un altro traduttore fino a che il contratto non sia concluso.

Elenco per la selezione del traduttore

Io uso il seguente elenco per selezionare traduttori. Ci sono sempre delle eccezioni alla regola, ma questa lista restringe il potenziale gruppo di candidati che rispondano a determinati requisiti minimi:

- Certificazioni professionali come essere membri di associazioni professionali per traduttori quali l'Associazione Americana dei Traduttori o un suo equivalente nel paese del traduttore. A seconda del paese questo potrebbe indicare o meno che il traduttore ha superato dei test accertanti la sua competenza. Ad ogni modo l'essere membro non indica che sia serio nel suo lavoro e nella sua carriera di traduttore.
- Istruzione formale, come una laurea triennale o specialistica in traduzione. Assicuratevi di controllare il nome del diploma equivalente in diversi paesi. A volte li si trova con nomi diversi, come laurea di filosofia in francese, per esempio.
- La lingua madre del traduttore è la lingua di destinazione, e il traduttore ha una padronanza universitaria della lingua di origine (almeno lo stesso livello di lettura nella lingua in cui i vostri libri sono scritti).
- Il profilo del traduttore nella lingua d'origine è ben scritto nella lingua stessa, senza errori di spelling o grammaticali nel profilo o nelle vostre successive comunicazioni.

- Credenziali professionali verificabili, come per esempio l'appartenenza ad associazioni di traduttori, o la partecipazione a Proz.com.
- Precedente esperienza nelle traduzioni letterarie e delle buone recensioni su libri on line tradotti.
- Recensioni da parte di altri autori. Indizio: leggete bene tra le righe.
- Accenno alla qualità della traduzione nella recensione di un lettore. Rifiuto immediatamente questi casi perché una buona traduzione non dovrebbe farsi notare. La recensione indica una cattiva traduzione o, nel caso di una buona traduzione, si tratta di una recensione falsa.
- Il traduttore ha troppi progetti in corso (la cosa potrebbe influenzare qualità e tempi).
- L'interesse del traduttore nella vostra opera. Ho notato che i traduttori che fanno solo certi generi o vogliono leggere il vostro libro prima di prendere una decisione sono i migliori. Si assumono solo progetti a cui sono interessati e che pensano di poter fare bene. Ai miei occhi questo mostra professionalità.
- Dove vivono. Se sono lontani dalla loro terra d'origine da molti anni (intendo dal luogo dove si parla la lingua in questione), potrebbero non essere aggiornati sugli ultimi modi di dire, slang e idiomi. Questo potrebbe essere più importante nel romanzo contemporaneo che nella narrativa storica, quindi soppesate la cosa con giudizio.
- Le traduzioni campione sono importanti, ma con qualche riserva. Potete trovare un lettore che controlli se ci sono errori grammaticali o di traduzione. Avere amici che parlano la lingua è di aiuto, ma se non sempre leggono nella lingua o libri

di quel genere non saprete per certo se il libro è ben scritto o no. È un criterio da utilizzare per valutare la traduzione, ma mai da solo.

- Fidatevi del vostro istinto. A volte la gente sembra meravigliosa sulla carta, ma il vostro stomaco vi dice l'opposto. Seguite la sensazione.

8

PUBBLICARE IL VOSTRO LIBRO TRADOTTO

Controllare & pubblicare

Titolo

S cegliete il vostro titolo consultandovi con il vostro traduttore. Non volete di certo una traduzione letterale, ma qualcosa che catturi l'essenza del libro e spinga il lettore ad acquistarlo. Anche il genere è importante: generi e categorie spesso sono diversi in altre lingue, quindi controllate la più grandi piattaforme di vendita nella lingua di destinazione e guardate come categorizzano i libri. Inoltre in molte lingue il sottotitolo è il genere. I thriller francesi sono spesso sottotitolati "policier/thriller", quelli olandesi "thriller" e così via.

Un'importante considerazione è se includere o no dei metadati sia nel titolo che nel sottotitolo. Vale la pena spiegare al traduttore i vantaggi dell'includere parole chiave di ricerca, ma vi raccomando di riportare esempi specifici e preferibilmente dei campioni da condividere con il traduttore in modo che possa farsi un'idea. Piuttosto che offrire un titolo e sottotitolo, fornite loro qualche opzione che contenga i metadati da voi desiderati e fatevi dire da loro quali sono adatti e quali no. Avere le giuste parole chiave in titolo e sottotitolo fa la differenza nella reperibilità del vostro libro, quindi vorrete approfittarne pienamente ove possibile.

Notate che non sto dicendo che dovete avere un titolo di 60 parole che incorpori ogni termine di ricerca che vi venga in mente. Questo non farebbe che screditare l'aspetto del vostro libro. Ma se il vostro libro è di genere romantico, includete almeno questa parola insieme al sottogenere nel sottotitolo, e usate lo stesso stile di altri libri del genere in quel paese.

Questo dovrebbe essere il termine appropriato in quella lingua, dato che le categorie variano a seconda della lingua. Per la traduzione francese del vostro romanzo d'amore contemporaneo, per esempio, guardate i negozi francesi come fnac.com e Amazon.fr per vedere come vengano categorizzati i libri. Incorporate il nome della categoria più adatta come parte del sottotitolo e avrete quindi aggiunto un modo in più per i lettori di romanzi d'amore francesi di trovare il vostro libro.

Raccomando anche di discutere con il traduttore l'obiettivo di reperibilità del vostro titolo fin dall'inizio. Questo gli darà il tempo di pensare al titolo mentre sta traducendo il libro. Un bravo traduttore presenterà un titolo che non solo si mette in evidenza come risultato delle ricerche, ma stuzzica anche il lettore e suggerisce l'esperienza di lettura che quel libro garantisce.

Manoscritto

Indipendentemente dai vostri accordi per la traduzione, seguirete gli stessi passaggi per far formattare il vostro libro e prepararlo alla pubblicazione. Assicuratevi che il testo formattato conservi i caratteri specifici della lingua, come gli accenti.

Anche punteggiatura e spazi possono variare in altre lingue. Siate attenti in particolare quando riproducete o revisionate il vostro manoscritto per assicurarvi di non cambiare inavvertitamente qualcosa.

Non dimenticate di aggiungere il vostro traduttore come collaboratore sotto al vostro nome, come anche elencarlo come collaboratore sulle piattaforme di pubblicazione quando pubblicate il libro.

Copertina

Avrete bisogno di una nuova copertina. Gli editori tradizionali spesso progettano diverse copertine per ogni maggiore mercato per adattarle alle preferenze locali. Una copertina statunitense per un romanzo d'amore potrebbe essere più esplicita rispetto alla copertina dello stesso libro in Regno Unito, per esempio. Gli editori adattano le copertine facendo in modo che siano di gradimento per i gusti locali.

In quanto editori indipendenti avete solo l'opzione di caricare una copertina per libro, a meno che non creiate due diverse edizioni. Questo probabilmente non è necessario solo per motivi legati al marketing.

Ad ogni modo a volte le copertine vengono cambiate per rivolgersi a valori più conservatori o addirittura per seguire le leggi di altri paesi. A meno che non abbiate una copertina osé sul vostro libro erotico o delle immagini esplicitamente politiche su una storia di guerra, probabilmente non vi dovete preoccupare di fare dei cambiamenti.

Nella maggior parte dei casi potete tenere la stessa immagine e cambiare solo le scritte sulla vostra copertina per adattarla alla lingua straniera. Il vostro designer di copertina lo farà probabilmente gratuitamente o a un costo molto contenuto.

Se state facendo libri in brossura avrete anche bisogno di

cambiare l'ampiezza del dorso per adattarlo a un numero più
ampio o più contenuto di pagine nella versione tradotta.

Pubblicare

A parte controllare che i caratteri specifici della lingua siano
conservati nel vostro libro formattato, vorrete anche controllare
che il titolo e i metadati siano stati riprodotti in modo appropriato con gli accenti specifici della lingua, per esempio, nei
campi della descrizione e dei titoli in ogni piattaforma di
vendita.

Anche quando i campi di inserimento dei dati appaiono
corretti, potrebbero perdere la formattazione durate l'effettiva
pubblicazione sul sito del venditore, quindi controllateli di
nuovo dopo che il libro è stato pubblicato.

Trovo che a volte CreateSpace non replichi gli accenti in
francese e in altri titoli. A quanto pare a volte funziona e altre
volte no. È molto importante fare in modo che il titolo sia
corretto in modo che appaia correttamente nei risultati delle
ricerche quando la gente lo cerca. Se trovate strani errori di
formattazione nella lingua all'interno del vostro titolo e non
siete in grado di correggerli dopo alcuni tentativi, contattate
CreateSpace e chiedete che lo facciano loro.

A parte questo non ci sono differenze nella formattazione e
nella generazione del file per il vostro libro tradotto.

Strategia di lancio

È buona cosa discutere la vostra strategia di lancio e le tempistiche con il vostro traduttore per vedere se può esservi di aiuto
o almeno vi fornisca un riscontro sui vostri piani. Un altro
ambito in cui chiedere assistenza è la traduzione del testo
pubblicitario se avete programmato di fare una qualche forma
di pubblicizzazione, come annunci su Facebook per esempio.

Se voi o il vostro autore conoscete dei blogger di libri, vi raccomando di mettervi in contatto con loro offrendo un omaggio per iscriversi alla vostra mailing list. In questo modo potrete avviare una mailing list in quella specifica lingua. Di questo parleremo nel dettaglio nel prossimo capitolo.

Io tengo delle mailing list separate per ogni lingua. Le mailing list segmentate vi permettono di inviare le nuove edizioni nella lingua specifica e aggiornamenti solo per l'edizione nella lingua di appartenenza. Così è anche più facile monitorare le aperture, i click e altre misure d'azione lingua per lingua.

9

MARKETING & PUBBLICITÀ

Il vostro libro appena pubblicato ha visibilità nei primi giorni o settimane dopo l'uscita, e poi? Nel giro di poco tempo si dissolve nell'oscurità e si perde nel grande mare dei libri. I vostri libri vengono soppiantati da qualsiasi nuova uscita fino a trovarsi sepolti e nessuno pensa più a cercarli.

È vero che ci sono meno libri nei mercati non inglesi, ma ci sono anche meno lettori. Avete una copertina bellissima e una fascetta pubblicitaria di piglio, ma tutto questo non serve a nulla se nessuno ha la possibilità di trovare il vostro libro. Cosa potete fare perché il vostro libro resti visibile?

L'aspetto positivo è che molte delle cose che fate con i vostri libri in lingua originale possono essere replicate anche in altri mercati. E dato che alcuni di questi mercati sono meno maturi rispetto per esempio a quello in lingua inglese, c'è meno concorrenza non solo per i siti pubblicitari ma anche nelle offerte di annunci. Il vostro costo per click sarà probabilmente più basso su Facebook e su siti simili.

Però, dato che ci sono meno lettori, potrebbe essere più difficile raggiungerli. Il più basso numero di lettori è dovuto a differenze tanto permanenti quanto temporanee rispetto al mercato leader, quello in lingua inglese. Prima di tutto il numero di lettori nella maggior parte delle altre lingue (essenzialmente una differenza permanente) e poi l'adozione degli e-book o degli acquisti on line (differenza temporanea). I mercati non inglesi sono però pronti a crescere ed è solo questione di tempo prima che le cose diventino più competitive. Ecco perché è di vitale importanza diventare visibili in questi mercati quando è ancora facile farlo.

Ma come guadagnare visibilità se non parlate la lingua?

Traduttori come promotori

La decisione logica sarebbe di chiedere a qualcuno che parla la lingua. La prima persona che viene in mente è il traduttore, dato che ha già molta familiarità con il vostro libro e vi è coinvolto. Infatti Babelcube suggerisce che il vostro traduttore venga fortemente coinvolto nella promozione. Di fronte a questa considerazione, la cosa ha senso.

D'altro canto il vostro traduttore probabilmente non è competente quanto voi per quanto riguarda pubblicità e marketing, soprattutto sei si tratta di promuovere un libro. E come ben sappiamo i più non amano a priori fare promozione. A meno che non definiate cosa intendete con 'marketing', anche un traduttore entusiasta sarà riluttante a dedicarvisi.

Molti traduttori inoltre hanno anche la sensazione di aver fatto già un sacco di lavoro semplicemente traducendo l'opera, e sono d'accordo con loro. Potreste trovare traduttori eccellenti che non vogliono fare nessuna azione di marketing. A volte può voler dire che non sono a loro agio con lo scrivere una pagina pubblicitaria o temono che gli chiederete di commerciare in maniera aggressiva il libro tradotto. Non vogliono stare tutto il tempo a produrre blog sul vostro libro.

Infatti non è per niente quello che mi aspetterei da loro. Quello che voglio è preparare io stesso la pagina di marketing nella mia lingua. Ho solo bisogno di aiuto nell'ultimo tratto per farla tradurre nella lingua di destinazione. Trovare blog e siti di promozione sarebbe pure un'opzione utile, ma io posso farlo da solo e i contatti per la maggior parte di questi siti conosceranno la lingua inglese a sufficienza da poter rispondere alle mie domande. Tutto si risolve in ciò che si chiede e in quanto specifici si riesce ad essere.

Ora so che se fornisco la pagina di marketing da tradurre o pongo delle domande specifiche, i traduttori mi possono rispondere e sono più che felici di essermi di aiuto. E se non lo sono, va bene lo stesso. Prima di tutto quello che volete è la migliore traduzione possibile per il vostro libro. Preferisco quella piuttosto che un commerciante di talento che promuove una traduzione mediocre. Ma se riuscite a trovare una persona che sia tanto un traduttore di talento quanto un commerciante di natura, sarà il massimo.

Il marketing è una cosa che fa paura alla maggior parte delle persone. Ma se lo dividete nei suoi componenti non è minaccioso come appare inizialmente. Conoscere i dettagli produce un sacco in termini di alleviare la paura dell'ignoto che certi provano, quindi penso sia meglio per l'autore occuparsi delle parti in cui ha competenza e risparmiare i talenti del traduttore per cose come la conoscenza locale e i requisiti linguistici.

Cerco di fare più lavoro possibile in modo che loro debbano solo tradurre la pagina di pubblicità, i trafiletti e così via, e magari riportarmi in carreggiata se mi sto dirigendo dalla parte sbagliata. Mi sento sicuro nel preparare una pagina di pubblicità nella mia lingua madre, determinando come e dove commerciare. Propongo qualche idea al traduttore in modo che la possa confermare o magari rispondermi con suggerimenti spesso molto utili.

Spesso fornisco al mio traduttore solo l'inserzione nella mia lingua con la richiesta di tradurre quella decina di parole in esso contenute. In questo modo posso anche ottenere la sua reazione riguardo a come la grafica dell'inserzione possa 'ben tradursi' nel suo mercato: se immagine e slogan sono abbastanza interessanti. Poi incorporo le parole tradotte et voilà, ho un'inserzione tradotta e pronta da usare in Facebook o in altre forme di promozione.

Condivido i miei traguardi promozionali con il mio traduttore e preparo anche un documento informativo con titolo del libro, trafiletto pubblicitario, grafica e link per l'acquisto. Questo rende molto facile e privo di sforzo per il traduttore il condividere e promuovere il libro tradotto. In generale cerco di chiedere al traduttore di aiutarmi solo in aree dove mi mancano conoscenza e sicurezza. Non c'è nessuna soluzione universale, quindi ci si regola secondo necessità.

Idealmente si tratta di uno sforzo comune, con l'autore che fornisce la pagina di pubblicità da tradurre e l'autore e il traduttore che lavorano insieme per trovare dei siti promozionali. Credo che i siti promozionali siano solo un modo temporaneo per scoprire i libri fino a che le grosse piattaforme di vendita come Amazon, Apple, Google Play e Kobo non offrono una paga più alta per click o opportunità promozionali sui loro siti, proprio come stanno iniziando a fare nel mercato inglese. Questo rende le cose facili perché tutto quello che vi serve è una qualche pagina tradotta, una copertina tradotta, le appropriate parole chiave e tutto sarà pronto.

Siti di promozione libri

Fino a quel momento avrete bisogno di trovare altri modi per guadagnare visibilità, come blog di libri e siti che pubblicizzano libri. Idealmente il vostro traduttore conoscerà alcuni di questi siti, ma se così non fosse, potreste dovergli fornire qualche indizio su come fare a trovarli.

Potete anche trovarli da voi. I termini di ricerca in quella

lingua per cose come affari con gli e-book o frasi simili dovrebbero portarvi a identificare alcuni dei siti chiave. È qui che
Google Translate diventa utile, dato che potrete tradurre quasi
ogni sito nella vostra lingua per vedere se sia adatto alle vostre
necessità promozionali.

Anche le inserzioni su Facebook potrebbero risultare effi-
caci e il mercato non è così saturo come per i libri in lingua
inglese. Con una più bassa concorrenza il costo potrebbe essere
più ragionevole. Ad ogni modo l'efficacia dipende dalla popolarità della piattaforma stessa in quella particolare lingua.

Per esempio io ho condotto un'inserzione su Facebook per
una nuova uscita olandese, e nonostante la popolarità dei miei
libri lì, i risultati sono stati molto lenti a mostrarsi. So che il
libro ha popolarità e la copertina ha successo tra i lettori. Ho
puntato al segmento della popolazione che legge i miei libri.
Penso inoltre che Facebook sia popolare anche lì. Eppure non
ha avuto efficacia. Il problema potrebbe essere stato il mio testo
pubblicitario o lo slogan, o forse non ho puntato al giusto
segmento della popolazione. È sempre difficile sapere come
vanno le cose con la pubblicità, ma è un po' più difficile valutare
i propri risultati quando si fa pubblicità in una lingua straniera.

I costi di marketing e pubblicità possono poi essere davvero
ingenti se non si sta attenti. Se state progettando inserzioni da
utilizzare su siti come Facebook, il miglior modo di approcciar-
visi è di tentare alcune varianti del vostro annuncio e fare
alcuni split test per vedere quale funzioni meglio. Lo split test
consiste nel condurre due inserzioni quasi identiche allo stesso
tempo, di solito con solo una o due differenze in modo da poter
arrivare a capire quale funzioni meglio e quale no. Le offerte
partono dal basso e una volta trovato un annuncio che ottiene il
miglior numero di click, si interrompono tutte le altre inserzioni e si spendono i soldi su quella di successo. Questo vi farà
risparmiare soldi a lungo termine.

Non importa come facciate pubblicità: questa può rapidamente consumare i vostri profitti o addirittura mettervi in una posizione di perdita a meno che non vi atteniate al vostro budget, non rivediate e stimiate con attenzione i vostri risultati e facciate delle modifiche dove necessario.

E come potete immaginare è più facile guadagnarci quando avete più di un libro sul mercato, perché se i lettori leggono il vostro libro, otterrete un certo volume di vendita. Per questo motivo raccomando di aspettare fino a che non avete un po' di libri pubblicati in una particolare lingua prima di partire con la pubblicità.

Il miglior manifesto è sempre la quarta di copertina del vostro libro, come nella lingua originale. Catturare l'attenzione di un lettore è più facile quando lo avete ancora nel vostro ecosistema. Usate uno slogan alla fine del vostro libro per indurre ad acquistare il successivo o a iscriversi a future informazioni sulle nuove uscite.

La quarta di copertina è come un bene immobiliare a Manhattan: una locazione di prima qualità per comunicare con il vostro lettore. Questo assume anche maggiore importanza quando non parlate la lingua, dato che la vostra abilità nel costruire un blog o comunicare in qualsiasi altro modo nella lingua che non parlate è limitata. Tutto quello che dovete fare è fornire qualcosa che non richieda traduzione: un link al libro successivo. Io mi assicuro sempre che i mie link siano configurati per mostrare tutti i miei libri con la lingua tradotta prima, in modo che il lettore non veda invece in primis un mucchio di libri nella mia lingua d'origine.

Questa è una forma più passiva di pubblicità, ma probabilmente la più efficace. Qualsiasi persona che abbia letto fino alla fine il vostro libro l'ha quasi sicuramente gradito, quindi questi sono potenzialmente i vostri lettori più leali, quelli che acquisteranno il prossimo libro nel momento in cui uscirà. E sarà anche molto probabile che raccomandino i vostri libri ai loro amici.

Un sito o molti?

Come con ogni cosa, ci sono sempre delle vie di mezzo tra perfezione e possibilità.

Ho un sito per tutte le lingue dei miei libri, con pagine separate per ogni lingua. Altri autori usano una pagina per libro, con tutte le edizioni straniere di quel titolo elencate sulla stessa pagina. Anche se questo sembra un modo ordinato di organizzare i vostri libri, probabilmente non è così che un lettore andrà a cercarli. E cosa più importante, una volta che un lettore mi trova, voglio che veda e compri tutti i miei libri nella sua lingua. Per questo motivo raccomando una sezione del vostro libro per ogni lingua, con tutti i titoli elencati lì.

Alcuni autori hanno un sito diverso per ogni lingua. Un ovvio svantaggio è la molteplicità di nomi di domini di siti web e i costi aggiunti. E ci vuole anche più lavoro. Un altro aspetto negativo di questo sistema è che il traffico sul vostro sito sarà diviso tra molti siti, il che significa che non otterrete un alto punteggio come risultati di ricerca. Non sono certo di quante persone potranno trovare il vostro sito e poi seguirlo fino al vostro libro per mezzo di una ricerca organica, ma un po' di traffico in più fa sempre bene.

I social

Probabilmente avete già una pagina Facebook da autore dove fornite aggiornamenti e parlate delle nuove uscite. Alcuni autori hanno creato diverse pagine Facebook per ogni lingua. Questo è l'ideale, o almeno lo è fintanto che avete un assistente in ogni lingua che vi gestisca la pagina. Alcuni autori best seller lo fanno, e il vantaggio è una pagina coesa e organizzata che parla direttamente ai lettori in quella lingua. Come con la maggior parte delle cose, si tratta di un compromesso. Se guadagnate un milione di dollari all'anno, potrebbe valere la pena di seguire questi passi extra e tenere ancora più il contatto con i vostri fan.

Non dimenticate che una pagina Facebook, diversamente dal vostro sito, non è qualcosa che potete controllare. Le cose possono cambiare nel giro di un giorno, e spesso accade. Non raccomando di spendere un sacco di denaro nel curare qualcosa che domani potrebbe essere scomparso. Meglio attirare quei lettori portandoli ai iscriversi alla vostra mailing list, dove potete controllare il contenuto e il sistema di spedizione.

La maggior parte dei miei traduttori sono felici di tradurre articoli di blog e newsletter per i libri che hanno tradotto, perché questo va anche a loro vantaggio nel tempo, se il libro dovesse andare bene. Assicuratevi solo di non esagerare e chiedere troppo. La newsletter per una nuova uscita è una cosa, ma se pianificate una comunicazione mensile regolare con i vostri iscritti in quella lingua, dovreste programmare anche di pagare il traduttore per questo lavoro continuativo di traduzione.

10

CONCLUSIONE

Ho incluso nell'appendice qualche utile elenco riepilogativo in modo che possiate facilmente fare riferimento a questi se ne aveste bisogno. La maggior parte degli indicatori sono legati al buonsenso, ma è facile perdere la traccia perché ci sono tantissime cose a cui pensare.

I vostri diritti intellettuali e come farli produrre è un concetto importante come anche la persona con cui lavorate. I mercati possono cambiare e lo faranno, ma i fondamenti del mercato e come valutarli è un concetto stabile. Sapere cosa cercare è la chiave, e credo di avervi dato gli strumenti per farlo.

Questo libro è stato scritto con l'intento di fornire una sommaria panoramica delle opportunità nel mondo della traduzione insieme a consigli pratici su come compiere delle scelte consapevoli. Si tratta di un mercato in via di evoluzione che penso contenga in sé vaste opportunità per autori intraprendenti.

Spero di avervi convinti a compiere i primi passi verso l'idea di tradurre i vostri libri in nuove lingue e portarli in nuovi mercati, o almeno di avervi dato qualcosa a cui pensare.

Se il libro vi è piaciuto, vi prego di lasciare una breve recensione. Adoro ricevere dei riscontri, perché questi mi aiutano a migliorare continuamente e anche a modellare i miei libri secondo le necessità dei miei lettori. Più di tutto però voglio condividere le mie esperienze con più autori possibile. Si tratta di un piccolo mondo con un sacco di opportunità, che se vogliamo possono essere nostre.

Sognate in grande e... felici traduzioni!

11

APPENDIX

Q uesti elenchi sono qui forniti per facile consultazione. È bene iniziare con il primo elenco (scegliere i mercati linguistici) e procedere in ordine con gli elenchi successivi.

SCEGLIERE lingue e mercati

I mercati ideali hanno due o più delle seguenti caratteristiche:

PA o Prezzi Alti – i libri impongono prezzi di vendita elevati

CA o Crescita Alta – la lettura è diffusa e stabile o sta aumentando in popolarità

BC o Bassa Concorrenza – un basso numero di libri per fare fronte alla richiesta

MG o Mercato Grande – un mercato di lettori potenzialmente grande

Genere – il genere o sottogenere scelti sono tra i più popolari in quella particolare lingua e mercato

. . .

SCEGLIERE LE STRUTTURE DI COMPENSO – Tariffa fissa vs. royalty
Tariffa fissa
Pro

- Possedete i diritti della traduzione. Siete liberi di distribuire a tutti i canali di vendita o a uno solo senza dovervi consultare con il traduttore o andare a intaccare i suoi guadagni.
- Continuate a detenere diritti derivati esclusivi per altri formati come audiolibri, tascabili o altri ambiti come il cinema, quindi potete immediatamente sfruttare questi diritti e guadagnare più soldi in minor tempo.
- Flessibilità di prezzo. Potreste scegliere di pubblicare il primo libro gratuitamente per motivi di marketing, cosa che non sarebbe corretta nei confronti del vostro traduttore sulla base della condivisione delle royalty.
- Viene eliminata la necessità di tenere la noiosa registrazione dei dati, che è dovuta in un accordo su base royalty.
- Si minimizza il rischio di dispute legali dato che il contratto termina una volta che il libro viene consegnato.
- Potrebbe essere l'opzione più economica se il vostro libro vende bene.
- Potreste ottenere la traduzione completata in breve tempo dato che il traduttore vi darà priorità in quanto lavoro 'pagato' rispetto a una condivisione di royalty con un più lungo periodo per il pagamento e annessa incertezza.

Contro

- Siete voi a sostenere il costo della traduzione, il che
  potrebbe essere costoso in modo proibitivo e
  crescere in maniera esponenziale se avete più libri.
- Potreste non riuscire a recuperare mai il vostro
  investimento. I prezzi dei libri possono crollare, i
  modelli di iscrizione cambiare e la concorrenza
  potrebbe aumentare, impedendovi di recuperare i
  costi.
- Meno incentivi per un traduttore non etico a fornire
  un prodotto di qualità dato che non ci sono rischi
  per lui una volta consegnato il prodotto finale.
  Potreste non accorgervi che ci sono problematiche
  di qualità o di revisione fino a che non ricevete delle
  recensioni negative.
- Il traduttore potrebbe non essere interessato ad
  aiutarvi con il marketing e la promozione nel
  mercato straniero non appena viene pagato del
  tutto.

Divisione delle royalty (su una piattaforma per traduzioni
che faccia da terza parte)
Pro

- La piattaforma per le traduzioni si occupa di
  registrazione dati, pagamenti e tasse.
- La piattaforma per le traduzioni può intervenire per
  vostro contro se ci sono dei problemi legati al
  contratto come la consegna in ritardo o la non
  esecuzione.
- I contratti di lavoro su commissione proteggono i
  diritti della vostra proprietà intellettuale.
- Una volta scaduto il termine, ottenete tutte le
  successive royalty e potete sfruttare i vostri diritti
  intellettuali.

- Molto vantaggioso economicamente e a basso rischio.

Contro

- La piattaforma per le traduzioni prende una percentuale del fatturato netto, lasciando meno denaro da dividere tra voi e il traduttore.
- Non potete sfruttare i vostri diritti sussidiari, come audiolibri basati sulla traduzione, fino a che non sia scaduto il termine del contratto.
- C'è un intermediario tra voi e il libro pubblicato, e questo limita la vostra abilità di stabilire i prezzi e le categorie, e usare programmi di pubblicità specifici per le piattaforme per promuovere direttamente i vostri libri su qualche piattaforma di vendita.

Elenco riepilogativo per la selezione dei traduttori

- Certificazioni professionali come essere membri di associazioni professionali per traduttori quali l'Associazione Americana dei Traduttori o un suo equivalente nel paese del traduttore. A seconda del paese questo potrebbe indicare o meno che il traduttore ha superato dei test accertanti la sua competenza. Ad ogni modo l'essere membro non indica che sia serio nel suo lavoro e nella sua carriera di traduttore.
- Istruzione formale, come una laurea triennale o specialistica in traduzione. Assicuratevi di

controllare il nome del diploma equivalente in diversi paesi. A volte li si trova con nomi diversi, come laurea di filosofia in francese, per esempio.

- La lingua madre del traduttore è la lingua di destinazione, e il traduttore ha una padronanza universitaria della lingua di origine (almeno lo stesso livello di lettura nella lingua in cui i vostri libri sono scritti).
- Il profilo del traduttore nella lingua d'origine è ben scritto nella lingua stessa, senza errori di spelling o grammaticali nel profilo o nelle vostre successive comunicazioni.
- Credenziali professionali verificabili, come per esempio l'appartenenza ad associazioni di traduttori, o la partecipazione a Proz.com.
- Precedente esperienza nelle traduzioni letterarie e delle buone recensioni su libri on line tradotti.
- Recensioni da parte di altri autori. Indizio: leggete bene tra le righe.
- Accenno alla qualità della traduzione nella recensione di un lettore. Rifiuto immediatamente questi casi perché una buona traduzione non dovrebbe farsi notare. La recensione indica una cattiva traduzione o, nel caso di una buona traduzione, si tratta di una recensione falsa.
- Il traduttore ha troppi progetti in corso (la cosa potrebbe influenzare qualità e tempi).
- L'interesse del traduttore nella vostra opera. Ho notato che i traduttori che fanno solo certi generi o vogliono leggere il vostro libro prima di prendere una decisione sono i migliori. Si assumono solo progetti a cui sono interessati e che pensano di poter fare bene. Ai miei occhi questo mostra professionalità.

- Dove vivono. Se sono lontani dalla loro terra d'origine da molti anni (intendo dal luogo dove si parla la lingua in questione), potrebbero non essere aggiornati sugli ultimi modi di dire, slang e idiomi. Questo potrebbe essere più importante nel romanzo contemporaneo che nella narrativa storica, quindi soppesate la cosa con giudizio.
- Le traduzioni campione sono importanti, ma con qualche riserva. Potete trovare un lettore che controlli se ci sono errori grammaticali o di traduzione. Avere amici che parlano la lingua è di aiuto, ma se non sempre leggono nella lingua o libri di quel genere non saprete per certo se il libro è ben scritto o no. È un criterio da utilizzare per valutare la traduzione, ma mai da solo.
- Fidatevi del vostro istinto. A volte la gente sembra meravigliosa sulla carta, ma il vostro stomaco vi dice l'opposto. Seguite la sensazione.